JN079445

季節を感じる
柴ししゅう

柴犬だらけの
41図案

Chicchi

赤柴の祥

はじめに

お手に取ってくださりありがとうございます。

この本は柴犬のかわいいしぐさに注目した柴犬の刺しゅう本です。

マイペースな柴犬、甘えん坊の柴犬、赤柴、黒柴、白柴などなど。

柴犬マニアに満足してもらえるかドキドキです。

私と柴犬との出会いを少し。

小学3年生のとき、もう約30年も前の話……、

団地から一軒家に引っ越したタイミングで、

姉が親と約束をしていたようで、泣いて頼んでお迎えに至ったそうです。

赤柴の祥ちゃん（オス）享年14。

新しい家族との生活は、私にいろいろな学びや癒やしを与えてくれました。

私が実家を出た後に2代目としてお迎えし、現在老犬生活真っただ中の

赤柴風宇ちゃんと、白柴宇宙ちゃん。

しゃれた名前の2匹（オス）は、兄弟で現在14歳。

赤柴の風宇

今は年に数回会う程度ですが、

日本犬専門誌『Shi-Ba【シーバ】』との出会いにつながり、

単行本まで出版させていただく機会に恵まれたこと、

3匹と実家の両親には感謝をしてもしきれません。

みなさんは大好きな愛犬を目の前にしながら、

または思い出しながら、刺しゅうされるかもしれません。

柴犬さんの目の位置を、ちょこっと変えるだけで全く別の表情になります。

ちょこっと工夫しながら、ぜひ愛犬に寄せた

"柴ししゅう"を楽しんでください。

出来上がった刺しゅうは「# 季節を感じる柴ししゅう」という

タグをつけて SNS へ投稿してくださると嬉しいです。

個性あふれる「柴ししゅう」をたくさん見られることを楽しみにしています。

刺繍作家　Chicchi

白柴の宇宙

Contents

　　ストレートステッチ／ランニングステッチ／

　　バックステッチ／アウトラインステッチ／チェーンステッチ／

　　レイジーデイジーステッチ／ロング＆ショートステッチ／

　　サテンステッチ／バスケットステッチ／

　　フレンチノットステッチ／ジャーマンノットステッチ／

　　バリオンステッチ／スミルナステッチ

桜の季節に
柴犬さんもウキウキ

美しい桜の花に柴犬さんも見とれています。
なにかいいことありそうな……
ちょっとうれしそうな柴犬さん。

Thread

DMC 25番刺しゅう糸
07　23　435　436　738
3348　3354　3371　3865

図案の写し方

布と図案を写したトレーシングペーパーを
まち針やマスキングテープで固定し、間に
刺しゅう用複写紙を挟み、セロファンを一
番上に乗せてトレーサー（インクが出なく
なったボールペンでも可）を使い図案を布
に写す。

図案

※実寸

Stitch

刺しゅう糸の番号とステッチ

［図案の見方］
738②ロング＆ショート
糸番号｜　ステッチ名
　　　本数

［目・鼻］
3371②サテン
［目の光］
3865①ストレート

3354②ストレート

07②サテン
435②
サテン
435②
アウトライン
23②サテン

435②アウトライン
3865②サテン

738②ロング＆ショート

436②
ロング＆ショート

3865②サテン
3371①バック

738②
ロング＆ショート

3348②
フレンチノット
2回巻き

3865②ロング＆ショート

435②
ロング＆ショート

436②サテン

738②ロング＆ショート

3865②
738②
436②
435②
｝ロング＆ショート

436②サテン

3865②サテン

436②ロング＆ショート

［柴犬さん］

1　布の縦目と横目がまっすぐになる
　ように少しずつ布を引っ張りなが
　ら枠をはめる。

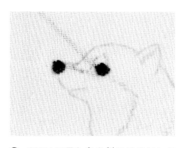

2　3371で目と鼻を斜めにサテンS
　で刺す。

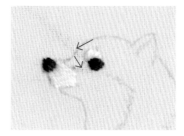

3　3865で口の上と目の上をサテン
　Sで刺す。

4　3と同じ色で口の下から目の下を
　通り、首元までロング＆ショート
　Sで刺す。

5　3と同じ色で胸も上から下に向
　かってロング＆ショートSで刺す。

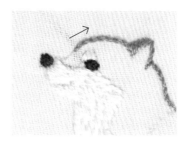

6　435で頭をアウトラインS、耳の
　おでこ側をサテンS、耳のてっぺ
　んから後ろはアウトラインSで刺
　す。

7　436で目の後ろから頭、首元に向
　かってロング＆ショートSで刺す。

8　738で鼻の上からロング＆ショー
　トSで刺し、目の上まで刺し埋め
　ていく。

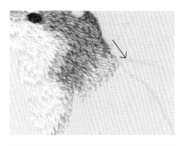

9　8と同じ色で首元の隙間、体の模
　様をロング＆ショートSで刺す。

10　435で背中の模様をロング＆
　ショートSで刺す。

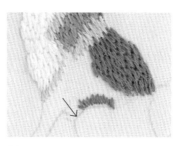

11　10と同じ色で太ももの上も図案
　に沿ってロング＆ショートSで
　刺す。

12　436で胴体をロング＆ショート
　S、そのまま図案の幅が狭いお腹
　はサテンSで刺す。738でお腹
　をロング＆ショートSで刺す。

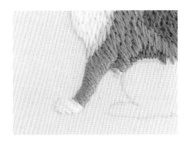

13 前足は436、足先は3865、それぞれサテンSで刺す。

14 436で後ろ足と背中をお尻に向かってロング＆ショートSで刺す。

15 後ろの足先も3865サテンSで刺し、同じ色でシッポの外側をロング＆ショートSで刺す。

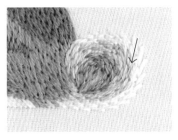

16 シッポの模様を外側から順に738、436でそれぞれ図案に沿ってロング＆ショートSで刺す。

17 435でシッポの先をロング＆ショートSで刺す。

18 耳の中を07サテンSで刺す。目の光を3865でストレートS、鼻の下と口のラインを3371バックSで刺す。

［桜］

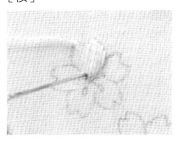

1 23で外側から内側に向かってサテンSで刺す。

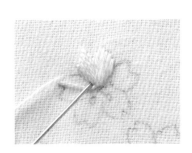

2 花びらは一枚ずつ区切って刺す。

3 3354でおしべの線をストレートSで刺す。

4 3348でおしべの先にフレンチノットS（2回巻き）を刺して桜の完成。

Spring 02

子犬さん、
ぽかぽか芝生でゴロン

春の陽気に誘われて
ころころとした子犬さんが
芝生の上で寝転ぶ姿が愛おしい。

Thread

DMC 25番刺しゅう糸
08 211 435 471 725
842 989 3371 3866

図案の写し方

布と図案を写したトレーシングペーパーを
まち針やマスキングテープで固定し、間に
刺しゅう用複写紙を挟み、セロファンを一
番上に乗せてトレーサー（インクが出なく
なったボールペンでも可）を使い図案を布
に写す。

図案

※実寸

Stitch

刺しゅう糸の番号とステッチ

［図案の見方］
738②ロング＆ショート
糸番号 ┃ ステッチ名
　　　本数

[目・鼻]
3371②サテン

[目の光]
3866①ストレート

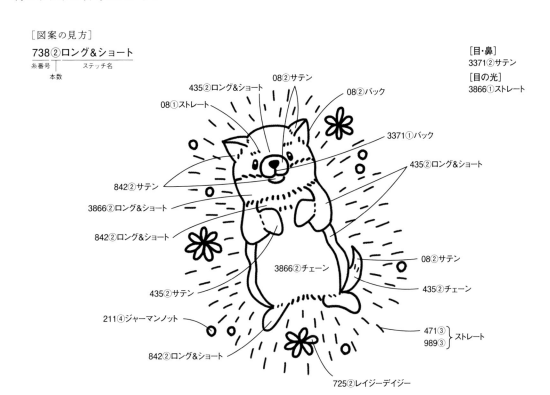

435②ロング＆ショート
08②サテン
08②バック
08①ストレート
3371①バック
435②ロング＆ショート
842②サテン
3866②ロング＆ショート
842②ロング＆ショート
08②サテン
3866②チェーン
435②チェーン
435②サテン
211④ジャーマンノット
471③
989③ ｝ストレート
842②ロング＆ショート
725②レイジーデイジー

［柴子犬］

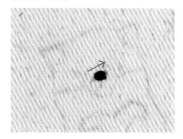

1　3371で鼻をサテンSで刺す。

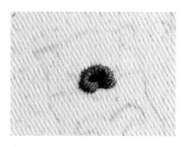

2　08で鼻のまわりを中心に向かってサテンSで刺す。

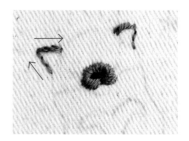

3　2と同じ色で耳のおでこ側をサテンS、外側をバックSで刺す。

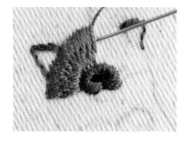

4　435で顔の上部を顔の中心に向かってロング＆ショートSで刺す。

5　842で耳の中を顔の中心に向かって、下のあごは横方向にそれぞれサテンSで刺す。

6　3866で顔の下部分を顔の中心に向かってロング＆ショートSで刺す。

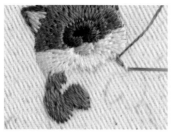

7　435で肩から前足をロング＆ショートS、足先をサテンSで刺す。

8　842で首元をロング＆ショートSで一段だけ刺す。

9　3866でお腹全体をチェーンSで刺す。首の下から刺し始め、お尻まで刺したら一度針を落として、すぐ隣からまた針を出して首元に向かって刺していく。これを繰り返す。

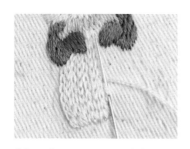

10　お腹のチェーンSは中心から左に向かって刺し埋め、端まで刺したら中心に糸を戻して右端まで同じように刺し埋める。

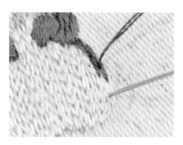

11　435で体の外側をロング＆ショートSで刺す。

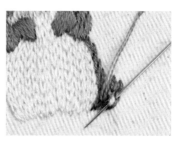

12　11と同じ色でシッポを付け根から毛先の手前までチェーンSで刺す。

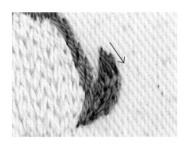

13 08でシッポの先をサテンSで刺す。

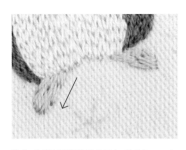

14 842で後ろ足をロング＆ショートSで刺す。

15 3371で目をサテンSで刺す。

16 3866で目の光をストレートSで刺す。

17 3371で鼻の下と口のラインをバックSで刺す。

18 （お好みで）08で眉をストレートSで刺す。

[芝生とお花]

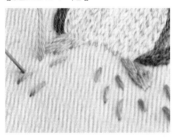

1 989で芝生をランダムにストレートSで刺す。

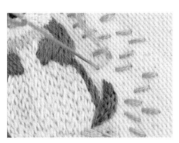

2 471で1と同じくランダムにストレートSで芝生を刺す。

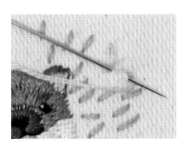

3 725でお花をレイジーデイジーSで刺す。

4 211で小花をジャーマンノットSで刺す。

春のあたたかさに
ぼんやり眠い黒柴さん

春って気持ちのいい季節！
ついつい、いつもより長めのお散歩になったり。
たくさん遊べば、お昼寝もゆったり〜。

Thread

DMC 25番刺しゅう糸
152　310　368　519　722
844　948　3864　3865

図案の写し方

布と図案を写したトレーシングペーパーを
まち針やマスキングテープで固定し、間に
刺しゅう用複写紙を挟み、セロファンを一
番上に乗せてトレーサー（インクが出なく
なったボールペンでも可）を使い図案を布
に写す。

図案

※実寸

Stitch

刺しゅう糸の番号とステッチ

［図案の見方］
738②ロング＆ショート
糸番号 ｜ ステッチ名
本数

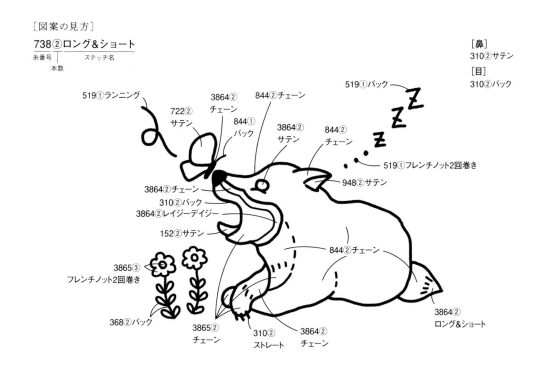

[柴犬さん]

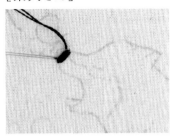

1　310で鼻をサテンSで刺す。

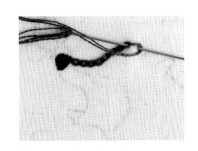

2　844で鼻から頭に向かってチェーンSで刺し進める。

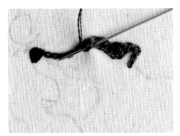

3　耳もチェーンSで刺したら鼻に向かって刺し戻っていく。

4　顔の黒毛部分をチェーンSで顔から首に向かって刺す。一度針を落とし、また隣の列を下から上に刺す。これを繰り返し刺し進める。

5　耳の中を948、眉を3864でそれぞれサテンSで刺す。

6　3864で黒毛に沿って鼻から目の下へチェーンSで刺し、頬の毛色が混じる部分はレイジーデイジーSで刺す。

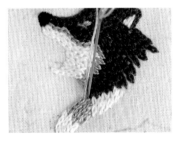

7　3865で顔の残りの部分をチェーンSで刺し、同じ色で胸の毛、右前足の先も刺したら右腕を3864チェーンSで刺す。

8　背中はあらかじめ水で消えるチャコペンなどで毛並みの向きを書いておくと刺しゅうがしやすくなる。

9　左足の先も3865チェーンSで刺したら844チェーンSで左腕を刺す。

10　頭や腕の毛となじませながら同じように背中全体をチェーンSで刺し進める。

11　シッポも9と同じ色でチェーンSで刺したら、シッポの先を3864ロング&ショートSで刺す。

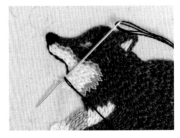

12　310で口のラインをバックSで刺す。

13 12と同じ色で目もバックSで刺す。

14 爪も12と同じ色でストレートSで刺す。

15 152で舌をサテンSで刺す。

[蝶々とお花]

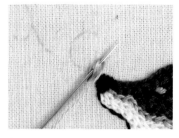

1 3864で蝶々の体をチェーンSで刺す。

2 722で羽をサテンSで刺す。

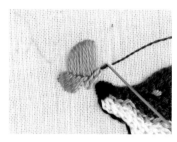

3 844で触覚をバックSで刺す。

4 368でお花の茎と葉をバックSで刺す。

5 3865で花をフレンチノットS（2回巻き）で刺す。

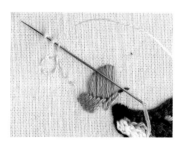

6 519で蝶々の飛んできた跡をランニングSで刺す。

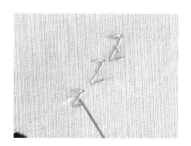

7 6と同じ色でZマークをバックSで刺す。

8 6と同じ色でフレンチノットS（2回巻き）で刺す。

Spring 04

ビオラの花と
ふっくらかわいい柴犬さん

オスワリして飼い主さんを見つめる柴犬さん。
特にこれといった理由がなくても
ただ一緒にいるだけで嬉しくてたまらない!

Thread

DMC 25番刺しゅう糸
320　407　422　436　470　553
743　778　842　3021　3865

図案の写し方

布と図案を写したトレーシングペーパーを
まち針やマスキングテープで固定し、間に
刺しゅう用複写紙を挟み、セロファンを一
番上に乗せてトレーサー（インクが出なく
なったボールペンでも可）を使い図案を布
に写す。

図案

※実寸

Stitch

刺しゅう糸の番号とステッチ

［図案の見方］
738②ロング＆ショート
糸番号｜　ステッチ名
　　本数

[目・鼻]
3021②サテン

[目の光]
3865①ストレート

436②ロング＆ショート
422②サテン
842②サテン
778②サテン
436②サテン
436②
バック
422②ストレート
3865②サテン
3865②ロング＆ショート
3021②バック
553②サテン
407②サテン
422②ストレート
553②ストレート
3865③チェーン
743②サテン
422②チェーン
470②バック
436②
サテン
470②サテン
320②サテン
3021②
ストレート
436②
ロング＆ショート

[柴犬さん]

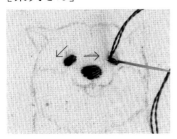

1　3021で鼻は横方向、目は斜めに垂れ下がるようにそれぞれサテンSで刺す。

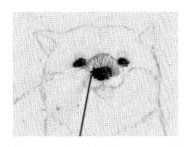

2　422で鼻のまわりをサテンSで刺す。外から鼻先に向かうように刺していく。

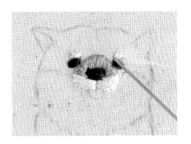

3　3865で眉と鼻の下まわりをサテンSで刺す。

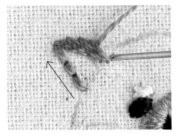

4　436で耳の外側をバックS、おでこ側をサテンSで刺す。

5　4と同じ色で頭をロング＆ショートSで刺す。頭の中心から外側に向かって刺し進め、2段目は中心に戻ってくる。同じように反対側も刺す。

6　422で頬の毛色がグラデーションになるように5の上からストレートSをざっくり刺す。

7　407で舌をサテンSで刺す。

8　3865で顔の下半分をロング＆ショートSで刺す。

9　842で耳の中をサテンSで刺す。

10　3865で胸をチェーンSで刺す。首元から下に向かって刺し始め、下についたら一度針を落とす。すぐ隣の列を下から上に向かって刺す。これを繰り返す。

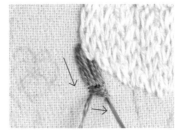

11　436で後ろ足のすねと足先をそれぞれ糸の向きを変えてサテンSで刺す。

12　11と同じ色で前足をロング＆ショートSで刺す。

13 422で胸の毛先をストレートS
で刺す。

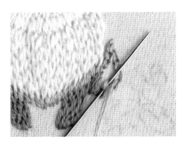

14 422でシッポをチェーンSで刺
す。まず輪郭を刺してから中を刺
し埋める。

15 3021で鼻の下と口のライン、舌
のラインをバックSで刺す。

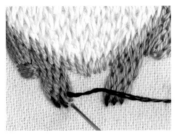

16 15と同じ色で前足の爪をストレー
トSで刺す。

17 3865で目の光をストレートSで
刺す。

[ハートとビオラ]

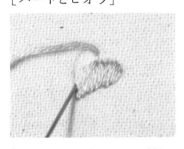

1 778でハートをサテンSで刺す。

2 743でビオラの花びらをサテンS
で刺す。

3 553で外側の花びらをサテンS
で、模様をストレートSで刺す。

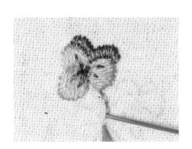

4 470でビオラの茎をバックSで刺
す。

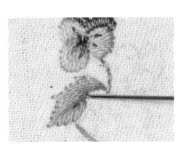

5 470と320でそれぞれ色違いの
葉をサテンSで刺す。

Spring 05

くんくん
お花を嗅ぐ柴犬さん

春のあたたかさが訪れる季節。
小さいお花も咲き出して、
そのにおいを嗅いでいる柴犬さん……
と見せかけて、よいトイレスポットなのかも！
寄り道が増えそうな予感。

Thread

DMC 25番刺しゅう糸

369　422　435　437　3348　3347
3371　3688　3712　3865

図案の写し方

布と図案を写したトレーシングペーパーを
まち針やマスキングテープで固定し、間に
刺しゅう用複写紙を挟み、セロファンを一
番上に乗せてトレーサー（インクが出なく
なったボールペンでも可）を使い図案を布
に写す。

図案

※実寸

Stitch

刺しゅう糸の番号とステッチ

［図案の見方］

738②ロング＆ショート

糸番号｜　ステッチ名
　　本数

［目・鼻］
3371②サテン

［目の光］
3865①ストレート

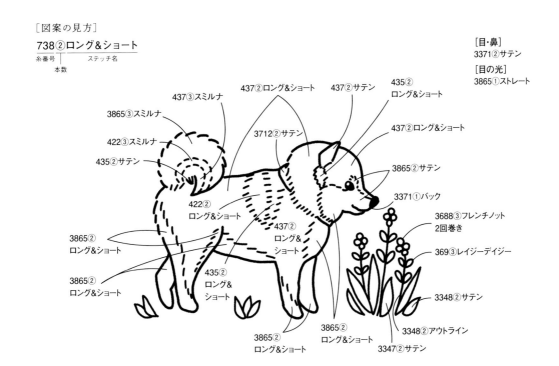

437③スミルナ
3865③スミルナ
422③スミルナ
435②サテン
437②ロング＆ショート
3712②サテン
437②サテン
435②
ロング＆ショート
437②ロング＆ショート
3865②サテン
3371①バック
3688③フレンチノット
2回巻き
369③レイジーデイジー
3348②サテン
3348②アウトライン
3347②サテン
422②
ロング＆ショート
437②
ロング＆
ショート
3865②
ロング＆ショート
3865②
ロング＆ショート
435②
ロング＆
ショート
3865②
ロング＆ショート
3865②
ロング＆ショート

［柴犬さん］

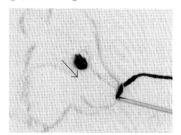

1　目と鼻を3371サテンSで刺す。

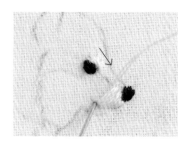

2　3865で眉、鼻のまわり、あごをそれぞれサテンSで刺す。

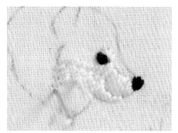

3　2と同じ色で続けて頬をロング＆ショートSで刺す。

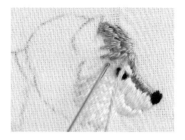

4　437で鼻の上から頭にかけてロング＆ショートSで刺す。耳はサテンSで刺す。

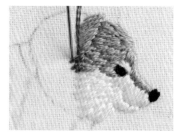

5　435で耳の下の毛色が濃い部分をロング＆ショートSで刺す。

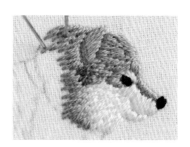

6　437で後頭部をロング＆ショートSで刺していく。

7　3712で首輪をサテンSで刺す。お気に入りの色で刺しゅうしてもOK。

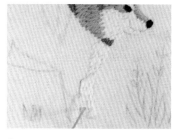

8　3865で胸毛と前足の白い部分をロング＆ショートSで刺す。

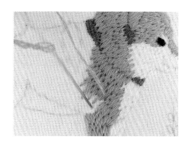

9　437で前足から体、後ろ足までロング＆ショートSで刺す。

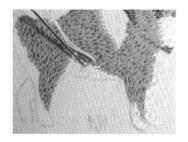

10　3865でお腹から後ろ足をロング＆ショートSで刺す。

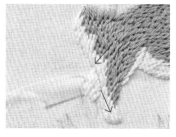

11　後ろ左足は斜めに刺し始め、足元は地面と垂直になるように角度を変えて刺していく。

12　435と422で背中の模様をロング＆ショートSで刺す。

13 435でシッポの付け根をサテン
Sで刺す。

14 内側から437、422、3865の
順にシッポをスミルナSで刺す。
最後に輪をカットして糸の長さを
整える。

15 3371で鼻の下と口のラインを
バックSで刺す。

16 3865で目の光をストレートSで
刺す。糸は引きすぎないように注
意する。

[草花]

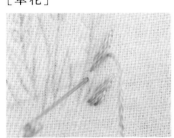

1 3348で黄緑の葉をサテンSで
刺す。

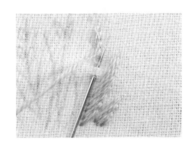

2 1と同じ色で茎をアウトラインS
で刺す。

3 3347で深緑の葉をサテンSで
刺す。

4 369で茎についている葉っぱをレ
イジーデイジーSで刺す。

5 3688で小花をフレンチノットS
（2回巻き）で刺す。

Spring ᘒ 06

白柴さん、
ウキウキお散歩タイム

道端にはクローバーが。
ぐっと気温が上がってしまう前に、
気持ちのいいお散歩を楽しもう。

Thread

DMC 25番刺しゅう糸

14　164　518　819　842　3371
3779　3862　3865　3866

図案の写し方

布と図案を写したトレーシングペーパーを
まち針やマスキングテープで固定し、間に
刺しゅう用複写紙を挟み、セロファンを一
番上に乗せてトレーサー（インクが出なく
なったボールペンでも可）を使い図案を布
に写す。

図案

※実寸

Stitch

刺しゅう糸の番号とステッチ

［図案の見方］

738②ロング＆ショート
糸番号｜　ステッチ名
　　本数

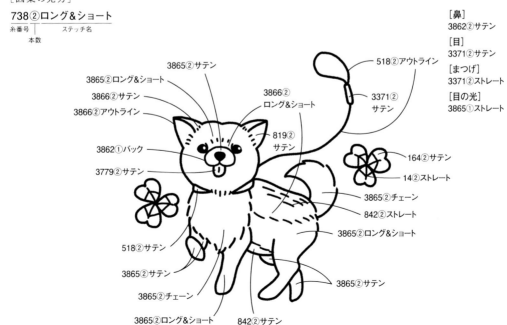

3865②サテン
3865②ロング＆ショート
3866②サテン
3866②アウトライン
3862①バック
3779②サテン

3866②
ロング＆ショート
819②
サテン

518②アウトライン
3371②
サテン

［鼻］
3862②サテン
［目］
3371②サテン
［まつげ］
3371②ストレート
［目の光］
3865①ストレート

164②サテン
14②ストレート
3865②チェーン
842②ストレート
3865②ロング＆ショート

518②サテン
3865②サテン
3865②チェーン
3865②ロング＆ショート
842②サテン

3865②サテン

［白柴さん］

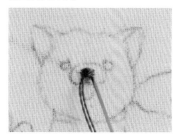

1　3862で鼻をサテンSで刺す。

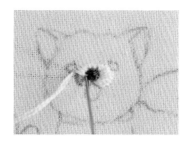

2　3865で鼻のまわりを中心に向かってサテンSで刺す。

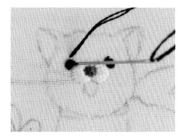

3　3371で目を斜めにサテンSで刺し、同じ色でまつげをストレートSで刺す。

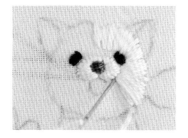

4　3865で顔全体を中心に向かってロング＆ショートSで刺す。

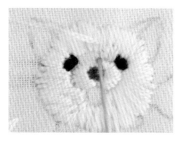

5　3866で鼻の上、目と目の間をロング＆ショートSで刺す。

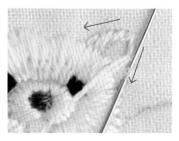

6　3866で耳のおでこ側をサテンSで、外側をアウトラインSで刺す。

7　819で耳の中をサテンSで刺す。

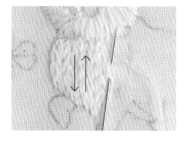

8　3865で胸元をチェーンSで刺す。首元から下に向かって刺し始め、下まで来たら一度針を落としてすぐ隣からまた針を出して首元に向かって刺していく。これを繰り返す。

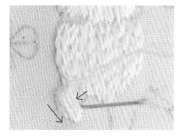

9　8と同じ色で右腕と足先をそれぞれ向きを変えてサテンSで刺す。

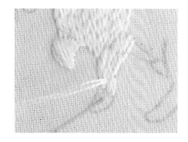

10　8と同じ色で左前足全体をロング＆ショートSで刺す。

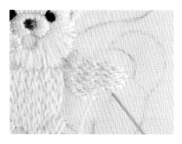

11　背中の上部を3866で横方向にロング＆ショートSで刺す。

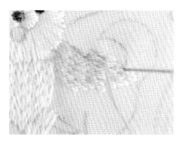

12　11の上へ842ストレートSで模様を刺し、少し色を足す。（6針程）

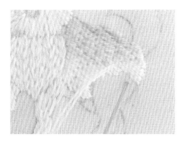

13 3865で背中の続きからお尻、左後ろ足をロング＆ショートSで刺す。

14 842でお腹をサテンSで刺す。

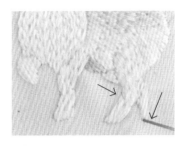

15 3865で右後ろ足をサテンSで刺す。

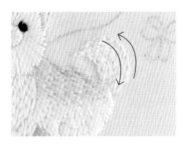

16 15と同じ色でシッポをチェーンSで刺す。

17 3779で舌をサテンSで刺す。3862で鼻の下と口のラインをバックSで刺す。

18 3865で目の光をストレートSで刺す。

［リードとクローバー］

1 518で首輪をサテンSで刺す。お気に入りの色で刺しゅうしてもOK。

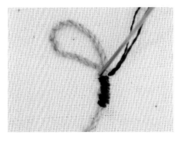

2 1と同じ色でリードをアウトラインSで刺し、3371でリードの持ち手の部分をサテンSで刺す。

3 164でクローバーを中心の線に向かってサテンSで刺す。

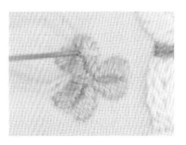

4 3の上から14でクローバーの模様をストレートSで刺す。

お花畑でジャンプ

花いっぱいの初夏の香りの中、
柴犬さんの元気さを表現しました。
記念日などのプレゼントに。

Thread

DMC 25番刺しゅう糸

14　156　351　437　503　761
832　989　3021　3771　3865

図案の写し方

布と図案を写したトレーシングペーパーを
まち針やマスキングテープで固定し、間に
刺しゅう用複写紙を挟み、セロファンを一
番上に乗せてトレーサー（インクが出なく
なったボールペンでも可）を使い図案を布
に写す。

Stitch

刺しゅう糸の番号とステッチ

図案

※実寸

［図案の見方］
738②ロング＆ショート
糸番号　　　ステッチ名
本数

503②アウトライン
437②サテン
437②バック
437②ロング＆ショート
3865②ロング＆ショート
3865②サテン
3771②サテン
832②サテン
437②ロング＆ショート
761②サテン
3865②チェーン
351②フレンチノット2回巻き
3021①バック
3865②チェーン
156④バリオン
437②チェーン
503②レイジーデイジー＋ストレート
14②バック
989②バック
989②サテン
14②サテン
351②サテン
14②バック
437②チェーン
3021②アウトライン
156②フレンチノット2回巻き

［目・鼻］
3021②サテン
［眉］
3865②サテン
［目の光］
3865①ストレート

［柴犬さん］

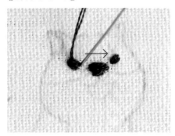

1　3021で目と鼻をサテンSで刺す。

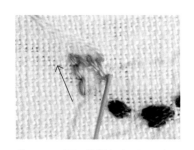

2　437で耳の外側をバックS、おでこ側をサテンSで刺す。

3　2と同じ色で眉を除いた顔の上半分をロング＆ショートSで刺す。

4　3865で眉と鼻の下をサテンSで刺す。

5　4と同じ色で顔の下半分をロング＆ショートSで刺す。輪郭の外側から刺して内側を刺し埋めていく。

6　3771で耳の中と口の中をサテンSで刺す。

7　3021で鼻の上のラインをバックSで刺す。

8　同じ要領で鼻の下と口のラインもバックSで刺す。

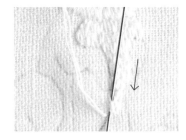

9　3865で胸の毛から後ろ足にかけて白毛の部分をチェーンSで刺し埋めていく。

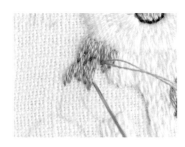

10　437で前足と背中の赤毛をロング＆ショートSで刺す。右腕は図案線でステッチをしっかり区切って、腕と体のラインが区別できるようにする。

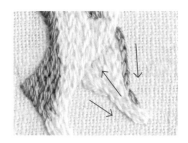

11　左後ろ足は437で外側1列を、3865で内側をそれぞれチェーンSで刺し埋める。

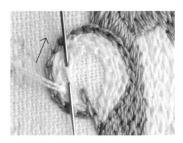

12　シッポは437で外側を1列、3865で内側をそれぞれチェーンSで刺し進める。

［文字とお花］

13 3865で目の光をストレートSで刺す。

1 503で文字を図案の線に沿ってアウトラインSで刺す。

2 832で「20th」をサテンSで刺す。

3 お花の茎はすべてバックSで刺す。糸番号はそれぞれ図案参照。

4 503で刺している葉はレイジーデイジーSを刺した上にストレートSを重ねて刺す。

5 大きなお花の葉は茎と同じ色でサテンSで刺す。

6 156で紫のお花をバリオンSで刺す。

7 761でピンクのお花の花びらをサテンSで刺す。

8 351で中心の小花をフレンチノットS（2回巻き）で刺す。

9 351で足元の小花の花びらをサテンS、156で中心をフレンチノットS（2回巻き）でひとつ刺す。

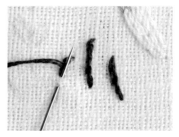

10 3021で足元のジャンプの効果線をアウトラインSで刺す。

水遊び大好き
ブルルン柴犬さん

濡れたらブルブルっと、さっぱりと。
夏の風物詩のスイカと、ベストショットですね。

Thread

DMC 25番刺しゅう糸
367　436　648　747　844　976
3347　3371　3862　3864　ECRU

図案の写し方

布と図案を写したトレーシングペーパーを
まち針やマスキングテープで固定し、間に
刺しゅう用複写紙を挟み、セロファンを一
番上に乗せてトレーサー（インクが出なく
なったボールペンでも可）を使い図案を布
に写す。

図案

※実寸

Stitch

刺しゅう糸の番号とステッチ

［図案の見方］
738②ロング＆ショート
糸番号 ｜　ステッチ名
　本数

[目]
3371②アウトライン
[鼻]
3371②サテン

ECRU②チェーン
976②アウトライン
ECRU②チェーン
747②サテン
976②アウトライン
436②チェーン
648②バック
436②チェーン
3347②アウトライン
ECRU②チェーン
367②サテン
844②サテン
976②チェーン
436②チェーン
436②チェーン
3864②サテン　3862②チェーン
ECRU②チェーン

[柴犬さん]

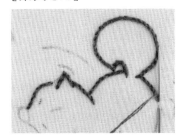

1　976で体の輪郭をアウトラインS
　で刺す。

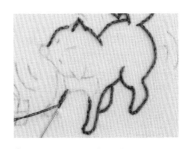

2　前足の間は飛ばして刺す。

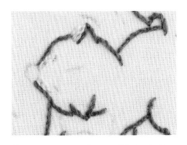

3　ECRUでマズルの両端と、右耳の
　内側をチェーンSで刺す。

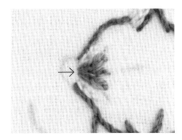

4　436で鼻から目元まで3本チェー
　ンSで刺す。

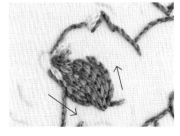

5　4と同じ色で鼻から額にかけてV
　字方向にチェーンSで刺し埋めて
　いく。

6　4と同じ色で後頭部をチェーンS
　で刺し埋めていく。

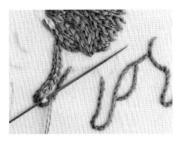

7　4と同じ色で前足を、首からつま先
　に向けてチェーンSで刺す。足先
　で一度針を落としたら隣から針を
　出し、首に向かって刺していく。

8　7と同じ手順で、ECRUで胸を
　チェーンSで刺す。

9　436で7と同じ手順で前足とお腹
　をチェーンSで刺し埋めていく。

10　続けて首の付け根から背中、シッ
　　ポへ向かってチェーンSで刺し
　　進んでいく。

11　9と同じ色でシッポの内側を1
　　往復、ECRUで残りをそれぞれ
　　チェーンSで刺す。

12　ECRUで太ももの内側をチェー
　　ンSで1列刺す。

13 436で後ろ足をチェーンSで刺し埋めていく。

14 976で頭の模様をアウトラインSで刺す。

15 14と同じ色で右後ろ足をチェーンSで刺し埋めていく。

［しずくとスイカ］

16 3371で目を小さくアウトラインSで刺し、鼻をサテンSで刺す。

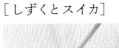

1 648で首振りの効果線をバックSで刺す。

2 747で水しぶきをサテンSで刺す。

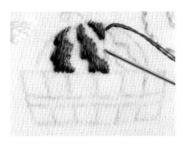

3 844でスイカの模様をサテンSで刺す。

4 367でスイカをサテンSで刺す。

5 3347でスイカのつるをアウトラインSで刺す。

6 3864で桶を横向きのサテンSで刺す。

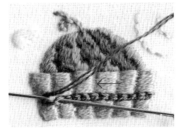

7 3862で桶の締め具をチェーンSで刺す。

37

海辺で遊ぶ
元気な柴犬さん

飼い主さんが投げた魚のオモチャ。
波打ち際を元気に走って、
取りに行くのが楽しくて仕方ない!

Thread

DMC 25番刺しゅう糸

162　415　436　738　772　842
3371　3755　3813　3862　3865

図案の写し方

※Tシャツに刺しゅうする場合

図案より一回り大きくカットした、水に溶ける図案転写シールに水性ペンで図案を写す。

シールを台紙からはがし、Tシャツの刺しゅうしたい場所に貼る。

図案

※実寸

Stitch

刺しゅう糸の番号とステッチ

［図案の見方］
738②ロング＆ショート
糸番号　　ステッチ名
　本数

3813②サテン

3371②ストレート

772②ストレート

772②サテン

［目・鼻］
3371②サテン
［口のライン］
3371②バック
［眉］
3865②サテン
［目の光］
3865①ストレート

738③バスケット

3813②サテン

3862②ロング＆ショート

436②ロング＆ショート

842②サテン

436②サテン

436②バック

3865②チェーン

842②チェーン

436②ストレート

3755①ストレート

3865②サテン

162①ストレート

3865②ロング＆ショート

436②ロング＆ショート

842②ロング＆ショート

436②ロング＆ショート

3862②ロング＆ショート

162②バック

162②サテン

3862②ロング＆ショート

842②サテン

3371②ストレート

415①バック

[柴犬さん]

1　3371で目と鼻をサテンS、口のラインをバックSで刺す。

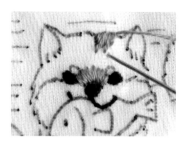

2　436で目と目の間を一度刺してから頭をロング&ショートSで刺し進めていく。

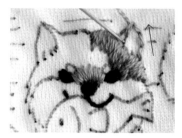

3　2と同じ色で耳の外側をバックS、おでこ側をサテンSで刺す。そしてまた頭を刺し進めながら反対の耳も同じように刺す。

4　842で耳の中をサテンSで刺す。

5　3865で眉と鼻のまわりをサテンSで、頰の毛はロング&ショートSで刺す。

6　胸の毛の上部は5と同じ色で、下部は842でそれぞれロング&ショートSで刺す。

7　436で肩から腕にかけて、3862で水に濡れた足先の毛を、それぞれロング&ショートSで刺す。

8　436で同じように背中から前足とお尻に向かって、それぞれ角度を変えながらロング&ショートSで刺し埋める。

9　3862で7と同じように左前足と後ろの濡れた足先をロング&ショートSで刺す。

10　842で右後ろ足の内側をサテンSで刺す。

11　3865でシッポの白毛を、842で外側をそれぞれチェーンSで刺す。

12　436でシッポの外側をストレートSをざっくりと刺す。

13 3865で目の光をストレートＳで
刺す。

14 3371で足の爪をストレートＳで
刺す。

［魚のオモチャと麦わら帽子］

1 772で魚の顔とヒレを、3813で
それ以外をそれぞれサテンＳで刺
す。

2 772で尾ビレの模様をストレート
Ｓで刺す。

3 3371で魚の目をストレートＳで
刺す。

4 738で麦わら帽子の外側をバス
ケットＳで刺す。

5 3862で麦わら帽子の内側をロン
グ＆ショートＳで刺す。

6 3813で麦わら帽子のリボンをサ
テンＳでそれぞれ角度を変えて刺
す。

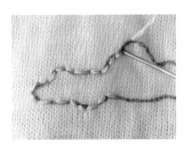

7 415で雲をバックＳで刺す。

8 162で、小さい水しぶきはサテン
Ｓ、大きな水しぶきはバックＳで
刺す。

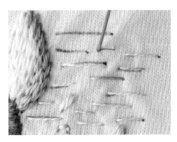

9 3755と162で奥の海の色をラン
ダムにストレートＳで刺す。

砂掘り頑張る
ドヤ顔の柴犬さん

砂浜で必死に穴を掘り掘りしていた柴犬さん。
顔や足は砂まみれ！
全身すりすりして、とても気持ちよさそうです。

Thread

DMC 25番刺しゅう糸

05　07　437　647　977

3021　3778　3811　3865

図案の写し方

布と図案を写したトレーシングペーパーを
まち針やマスキングテープで固定し、間に
刺しゅう用複写紙を挟み、セロファンを一
番上に乗せてトレーサー（インクが出なく
なったボールペンでも可）を使い図案を布
に写す。

図案

※実寸

Stitch

刺しゅう糸の番号とステッチ

［図案の見方］

738②ロング＆ショート
糸番号　｜　ステッチ名
　　本数

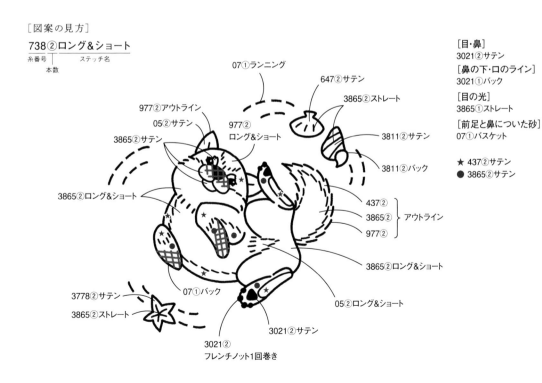

07①ランニング

647②サテン

3865②ストレート

977②アウトライン

05②サテン

977②
ロング＆ショート

3865②サテン

3811②サテン

3811②バック

3865②ロング＆ショート

437②
3865② ｝アウトライン
977②

3865②ロング＆ショート

3778②サテン

3865②ストレート

07①バック

05②ロング＆ショート

3021②サテン

3021②
フレンチノット1回巻き

［目・鼻］
3021②サテン

［鼻の下・口のライン］
3021①バック

［目の光］
3865①ストレート

［前足と鼻についた砂］
07①バスケット

★ 437②サテン
● 3865②サテン

［柴犬さん］

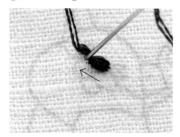

1　3021で鼻と目をサテンSで刺す。

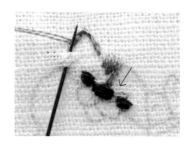

2　977でおでこの濃い赤毛をロング＆ショートSで刺し、そのまま耳を図案に沿ってアウトラインSで刺す。

3　437で頭の赤毛をサテンSで刺す。

4　05で耳の中を図案にある中心の線に向かってサテンSで刺す。

5　3865で眉とマズル、あごをサテンSで刺す。

6　5と同じ色で顔の下部をロング＆ショートSで刺し埋める。

7　5と同じ色で胸からお腹もロング＆ショートSで刺し埋める。

8　437で体の側面と前足の赤毛部分をサテンSで刺す。

9　05でおへそ付近をロング＆ショートSで刺す。

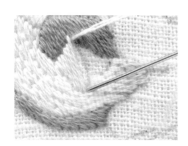

10　3865で前足の白毛部分をサテンSで刺す。

11　10と同じ色で太ももの内側をロング＆ショートSで刺す。

12　3865で足裏の外側を、437で赤毛部分をそれぞれサテンSで刺す。

13 12の上から3021で大きな肉球をサテンS、小さな肉球をフレンチノットS（1回巻き）で刺す。

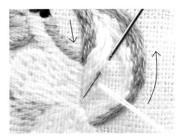

14 シッポは977で一番外側を、437で1つ内側を、3865でさらに内側をそれぞれアウトラインSで刺し埋める。

15 3021で鼻の下と口のラインをバックSで刺す。

16 3865で目の光をストレートSで刺す。

[足と鼻についた砂]

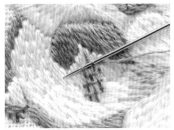

1 07で前足と鼻に砂がついた様子をバスケットSで刺す。

2 前足の輪郭には1と同じ色でバックSを刺す。

[貝がらとヒトデ]

1 07で砂浜の模様をランニングSで刺す。

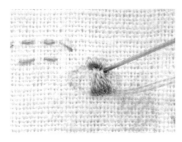

2 647で貝をサテンSで刺す。

3 2の上から3865で貝の模様をストレートSで刺す。

4 3811で巻貝の頭をサテンSで刺し、口の輪郭をバックSで刺す。

5 2の上から、3865で巻貝の模様をストレートSで刺す。

6 3778でヒトデ本体をサテンSで刺す。

7 3865で模様をストレートSで刺す。

Summer ‿ 05

まだ帰りたくない
黒柴さん

どこかノスタルジックな背の高い向日葵と、
すいーっと飛んでいくトンボ。
柴犬さんはまだ帰りたくないと座り込みます。

Thread

DMC 25番刺しゅう糸
310　356　648　743　839　989
3021　3348　3689　3755
3864　3865

図案の写し方

布と図案を写したトレーシングペーパーを
まち針やマスキングテープで固定し、間に
刺しゅう用複写紙を挟み、セロファンを一
番上に乗せてトレーサー（インクが出なく
なったボールペンでも可）を使い図案を布
に写す。

図案

※実寸

Stitch

刺しゅう糸の番号とステッチ

［図案の見方］
738②ロング＆ショート
糸番号┬ステッチ名
　　　本数

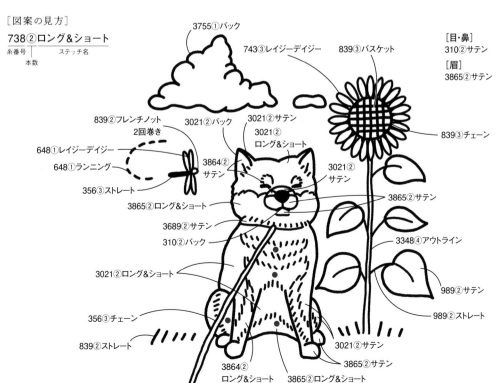

3755①バック
743③レイジーデイジー
839③バスケット
［目・鼻］
310②サテン
［眉］
3865②サテン

839②フレンチノット
2回巻き
3021②バック
3021②サテン
3021②
ロング＆ショート
648①レイジーデイジー
648①ランニング
3864②
サテン
3021②
サテン
839③チェーン
356③ストレート
3865②ロング＆ショート
3865②サテン
3689②サテン
310②バック
3348④アウトライン
3021②ロング＆ショート
989②サテン
356③チェーン
989②ストレート
839②ストレート
3021②サテン
3864②
ロング＆ショート
3865②サテン
3865②ロング＆ショート

47

[黒柴さん]

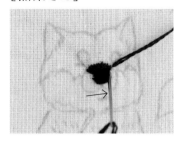

1　310で鼻を横向きにサテンS、3021で鼻の上を鼻に向かってサテンSで刺す。

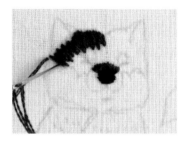

2　3021で頭をロング＆ショートSで刺す。目と眉の部分は埋めないようにする。

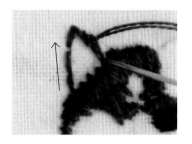

3　2と同じ色で耳の外側をバックSで、おでこ側をサテンSで刺す。

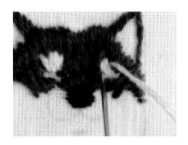

4　3865で眉をサテンSで刺す。

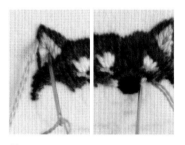

5　3864で耳の中、マズル上側の模様を鼻に向かってそれぞれサテンSで刺す。

6　3865でマズルの側面から鼻の下を鼻に向かうようにサテンSで刺す。

7　3689で首輪をサテンSで刺す。お気に入りの色で刺しゅうしてもOK。

8　3865で顔の白毛をロング＆ショートSで刺し埋めていく。

9　顔を埋めながら下あごに来たら、下あごはサテンSで刺す。

10　310で目をサテンSで刺し、同じ色で鼻の下と口のラインをバックSで刺す。

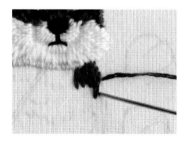

11　3021で体の黒毛部分をロング＆ショートSで刺していく。

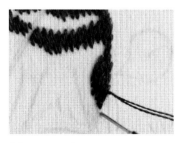

12　そのまま白毛やリードを避けながら刺し埋め、前足の黒毛部分はサテンSで刺す。

13 残りの黒毛部分をロング＆ショートSで刺し埋める。

14 3864で前足の茶色毛部分をロング＆ショートSで刺す。

15 3865で体全体の残りの白毛部分をロング＆ショートSで、足先をサテンSで刺す。

[トンボや向日葵]

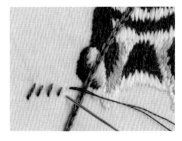

1 356チェーンSでリードを、839で土をストレートSで刺す。

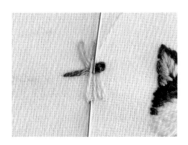

2 トンボは356で体をストレートS、839で頭をフレンチノットS（2回巻き）、648で羽をレイジーデイジーSで刺す。

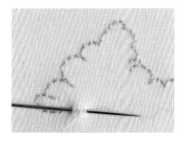

3 648でトンボの飛行線をランニングSで、3755で雲をバックSで刺す。

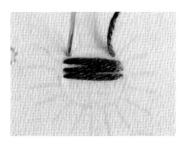

4 839で向日葵の種部分をバスケットSで刺す。

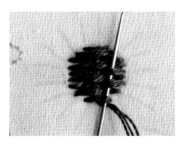

5 バスケットSは横方向に刺した糸に対して上下にくぐらせるように縦糸を通して編み目を作るように刺す。

6 743で花びらをレイジーデイジーSで刺す。

7 839でバスケットSのまわりをチェーンSで囲む。

8 3348で茎をアウトラインSで刺す。

9 989で葉をサテンS、茎をストレートSで刺す。

Summer 06

美しい花火と
白柴さん

華やかに開く花火に、柴犬さんも喜んでいるような。
夕涼みがてらのお散歩で、パッと開く花火を楽しみました。

Thread

DMC 25番刺しゅう糸

05　158　310　437　712　738
834　840　842　976　3347
3835　3858　3865　3866

図案の写し方

布と図案を写したトレーシングペーパーを
まち針やマスキングテープで固定し、間に
刺しゅう用複写紙を挟み、セロファンを一
番上に乗せてトレーサー（インクが出なく
なったボールペンでも可）を使い図案を布
に写す。

図案

※実寸

Stitch

刺しゅう糸の番号とステッチ

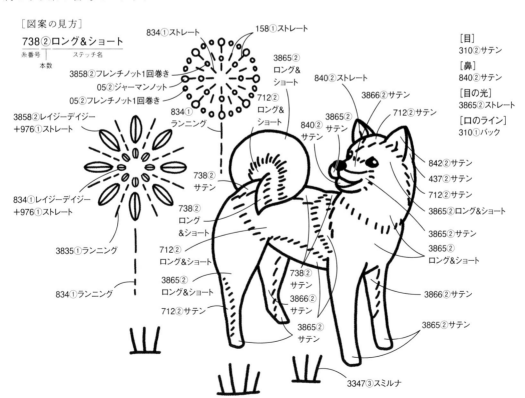

［図案の見方］
738②ロング＆ショート
糸番号　　ステッチ名
　　本数

834①ストレート
158①ストレート
3865②ロング＆ショート
840②ストレート
3866②サテン
712②サテン
3858②フレンチノット1回巻き
05②ジャーマンノット
05②フレンチノット1回巻き
834①ランニング
3865②サテン
840②サテン
3858②レイジーデイジー＋976①ストレート
712②ロング＆ショート
834①レイジーデイジー＋976①ストレート
738②サテン
738②ロング＆ショート
3835①ランニング
712②ロング＆ショート
834①ランニング
3865②ロング＆ショート
712②サテン
738②サテン
3866②サテン
3865②サテン

[目]
310②サテン
[鼻]
840②サテン
[目の光]
3865②ストレート
[口のライン]
310①バック

842②サテン
437②サテン
712②サテン
3865②ロング＆ショート
3865②サテン
3865②ロング＆ショート
3866②サテン
3865②サテン

3347③スミルナ

[白柴さん]

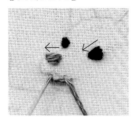

1　310で目を、840で鼻と口の中をそれぞれ横方向にサテンSで刺す。

2　842で耳の中を、437で耳の外側をそれぞれサテンSで刺す。

3　840で耳の中の線をストレートSで刺す。

4　712でおでこを、3866でマズルの上側を、3865でマズルの下側をそれぞれサテンSで刺す。

5　712で耳の下の毛をサテンSで刺す。

6　3865で顔をロング＆ショートSで刺す。顔の輪郭は図案の線から刺し始め、内側の刺す位置はずらす。

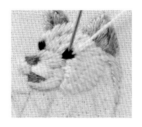

7　6と同じ色で目の光をストレートSで刺す。

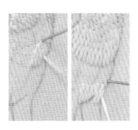

8　6と同じ色で首をロング＆ショートSで刺し埋め、そのあと胸も同じように刺し埋める。

9　3866で左前足の影の部分を、3865で前足のその他の部分をそれぞれサテンSで刺す。

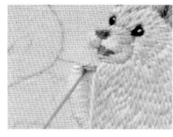

10　3865で肩の白毛部分を、738で背中の濃い色の部分をそれぞれサテンSで刺す。

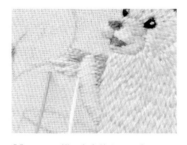

11　712で横っ腹全体をロング＆ショートSで刺す。

12　3865でお腹の下側の毛をサテンSで刺す。

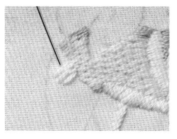

13　12と同じ色で太ももの毛をロング＆ショートSで、足をサテンSで刺す。

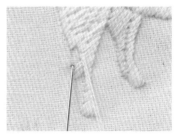

14　9と同じように3866で左後ろ足の影の部分を、3865で足先部分を、712で右足の模様部分をそれぞれサテンSで刺す。

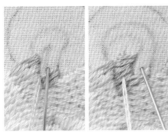

15 シッポの先から738、712の順にロング＆ショートSで刺す。

16 3865でシッポの外側をロング＆ショートSで刺し埋める。

17 310で鼻の下と口のラインをバックSで刺す。

［花火 1］

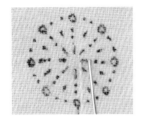

1 内側から外側に向かって刺し進める。834で内側の花火の光をストレートSで刺す。

2 3858で内側の光の玉をフレンチノットS（1回巻き）で刺す。

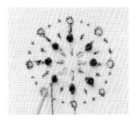

3 158で外側2列の花火の光をストレートSで刺す。

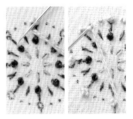

4 05で外側の大きい光の玉をジャーマンノットSで、小さい光の玉をフレンチノットS（1回巻き）で刺す。

［花火 2］

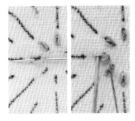

1 内側から外側に向かって刺し進める。834で内側の花火の光をレイジーデイジーSで刺し、976で内側にストレートSを刺す。

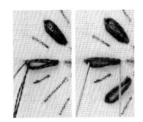

2 3858で外側の花火の光をレイジーデイジーSで刺し、976で内側にストレートSを刺す。

3 3835で花火の光をランニングSで刺す。

4 834で花火の昇る線をランニングSで刺す。花火1も同じように刺す。

［草］

1 3347で草をスミルナSで刺す。

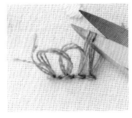

2 ループはカットする。

3 斜めにはさみを入れ、ランダムな長さになるように切る。

夜のお散歩で
満月を追いかけて

夢中になって満月を追いかけていても、
飼い主さんの声には反応して立ち止まるんです。

Thread

DMC 25番刺しゅう糸

07　435　436　676　738　3022
3046　3363　3371　3865

図案の写し方

布と図案を写したトレーシングペーパーを
まち針やマスキングテープで固定し、間に
刺しゅう用複写紙を挟み、セロファンを一
番上に乗せてトレーサー（インクが出なく
なったボールペンでも可）を使い図案を布
に写す。

図案

※実寸

Stitch

刺しゅう糸の番号とステッチ

［図案の見方］
738②ロング＆ショート
糸番号｜ステッチ名
本数

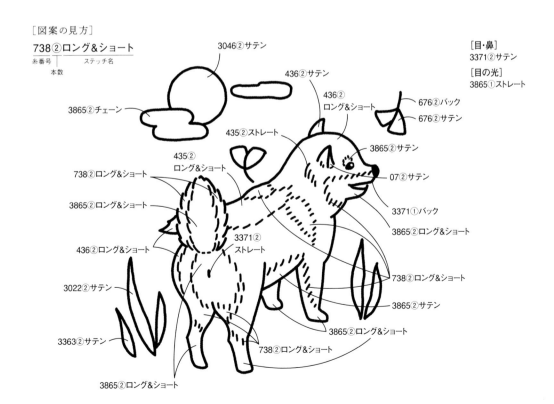

3046②サテン
436②サテン
436②
ロング＆ショート
435②ストレート
3865②チェーン
435②
ロング＆ショート
738②ロング＆ショート
3865②ロング＆ショート
436②ロング＆ショート
3371②
ストレート
3022②サテン
3363②サテン
3865②ロング＆ショート
738②ロング＆ショート

[目・鼻]
3371②サテン

[目の光]
3865①ストレート

676②バック
676②サテン
3865②サテン
07②サテン
3371①バック
3865②ロング＆ショート
738②ロング＆ショート
3865②サテン
3865②ロング＆ショート

［柴犬さん］

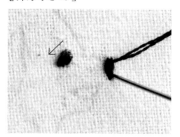

1　3371で目と鼻をサテンSで刺す。

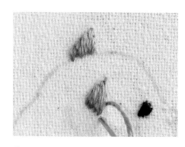

2　436で耳をサテンSで刺す。

3　2と同じ色で鼻先から頭へ向かってロング＆ショートSで刺す。

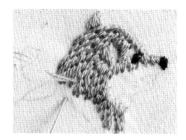

4　続けて耳の内側、眉を除いて頭から顔、背中へ向けて刺し進めていく。

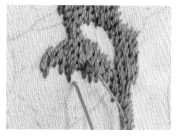

5　4と同じく背中の模様を除いて、足も同様に刺し進めていく。

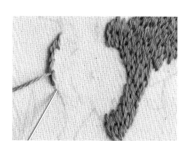

6　お尻の外側もロング＆ショートSで刺す。

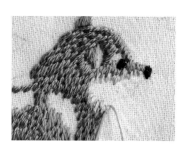

7　738で毛色がグラデーションになるように、ロング＆ショートSを刺す。

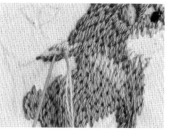

8　7と同じ色で背中の模様もロング＆ショートSで刺し埋める。

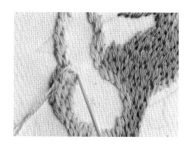

9　続けてお尻、足先、シッポもロング＆ショートSで刺す。

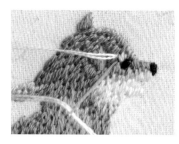

10　3865で眉をサテンSで、顔の残りをロング＆ショートSで刺し埋める。

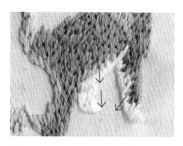

11　10と同じ色でお腹と前足の白毛部分をロング＆ショートSで刺す。

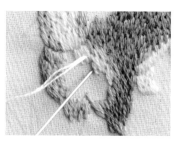

12　続けてシッポ、お尻、後ろ足の残りも10と同じ色でロング＆ショートSを刺し埋める。

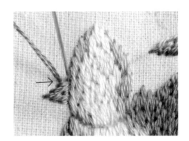

13 436でシッポの先を横向きにロング＆ショートSで刺す。

14 435で後頭部の模様をストレートSで刺す。

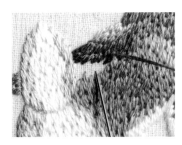

15 14と同じ色で背中をロング＆ショートSで刺し埋める。

16 3371で鼻の下と口のラインをバックSで刺す。

17 16と同じ色でお尻の穴をストレートSで刺す。

18 07で耳の中をサテンS、3865で目の光をストレートSで刺す。

［葉っぱとお月様］

1 3363と3022で草を、それぞれサテンSで刺す。

2 676でイチョウの葉をサテンS、葉の茎をバックSで刺す。

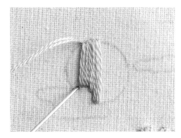

3 3046でお月様をサテンSで刺す。

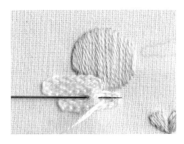

4 3865で雲をチェーンSで刺す。図案に沿って縁取りしてから、中を埋めるように刺していく。

Autumn 02

ある日突然
金木犀の香りが

寝っ転がる、ちょっとシニアな柴犬さんの背中にも
金木犀の小さな花が散らばって。
いい香りだなぁと柴犬さん。

Thread

DMC 25番刺しゅう糸

07　310　420　422　840　918　977
3053　3363　3828　3865　ECRU

図案の写し方

布と図案を写したトレーシングペーパーを
まち針やマスキングテープで固定し、間に
刺しゅう用複写紙を挟み、セロファンを一
番上に乗せてトレーサー（インクが出なく
なったボールペンでも可）を使い図案を布
に写す。

図案

※実寸

Stitch

刺しゅう糸の番号とステッチ

［図案の見方］

738②ロング＆ショート
<small>糸番号｜　　ステッチ名</small>
<small>　　本数</small>

3363②サテン　　3053②ストレート
840②アウトライン
977④ストレート

422②ロング＆ショート
420②ロング＆ショート
3828①ストレート
3865②ロング＆ショート
3865②サテン
ECRU②サテン

840①バック
3053①ストレート
918②サテン
840①ランニング
918②バック
840②アウトライン
07②ストレート
3828②サテン

3828①ストレート
422②ロング＆ショート
ECRU②ストレート
420②サテン
3865②サテン
ECRU②サテン
07①ストレート

840②ストレート
420②ロング＆ショート
420②チェーン
07②サテン
422②ロング＆ショート
3865②ロング＆ショート
ECRU②ロング＆ショート
3865②サテン
422②サテン
3865②サテン
840②ストレート

［目・鼻］
310②サテン
［目の光］
3865①ストレート

[柴犬さん]

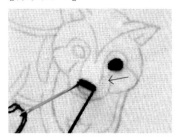

1 310で目と鼻をそれぞれ横方向に
　サテンSで刺す。

2 840でひたいの三本線をストレー
　トSで、420で頭をロング&ショー
　トSで刺す。

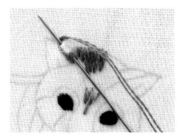

3 耳まできたら420のまま、耳を
　チェーンSで刺す。

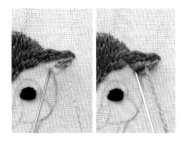

4 07で耳の中をサテンSで、840
　で耳の中の線をストレートSで刺
　す。

5 422で顔の黄色い毛の部分をロ
　ング&ショートSで刺す。

6 3865で顔の白毛部分をロング&
　ショートSで刺す。

7 6と同じ色で目の光をストレートS
　で刺す。続けて鼻のまわりをサテ
　ンSで刺す。

8 422で肩から腕にかけてサテンS
　で刺す。

9 ECRUで胸の毛をロング&ショー
　トSで刺す。

10 9と同じ色で肩の模様をサテンS
　で刺す。

11 420で背中の濃い赤毛をサテン
　Sで、422でお腹から太もも全体
　をロング&ショートSで刺す。

12 3865で前足先をサテンSで刺
　す。指先は図案の線に針を落とす
　ようにして刺す。

13 12と同じ色で太ももから足、お尻の白毛をサテンSで刺す。後ろの足先とお腹も12と同じように刺す。

14 ECRUで後ろ足の甲の毛をサテンSで刺す。

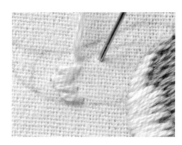

15 ECRUでシッポの模様を図案に沿ってストレートSで刺す。

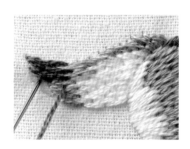

16 シッポの付け根から先に向かって3865、422、420の順にロング＆ショートSで刺す。

17 3828で背中とシッポの先、毛色の交わる部分をストレートSで刺し、色をなじませる。

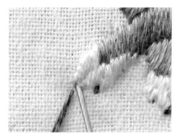

18 840で足の爪をストレートSで刺す。

[金木犀]

1 3363で葉をサテンSで図案の中心線に向かうようにして刺す。

2 3053で葉の葉脈をストレートSで刺す。

3 840で枝をアウトラインSで刺す。

4 977で花をストレートSで刺す。

[キノコ図鑑]

1 918で本の輪郭をバックSで、07でページの線をストレートSで刺す。

2 918と3828でそれぞれのきのこの傘を、ECRUできのこの柄を全てサテンSで刺す。
※枠を刺しやすい向きに持ち変えています。

3 840でキノコ図鑑のタイトルをアウトラインSで刺す。

4 3と同じ色で表紙の絵柄をランニングSとバックSで刺し、3053で絵柄の模様をストレートSで刺す。

Autumn 03

秋のモフモフ
白柴さん

夏が終わり秋に向かってモフモフの毛に
生え変わってきた白柴さん。
振り向いた頬が一層ボリューミーです。

Thread

DMC 25番刺しゅう糸
819　842　844　3046　3053
3778　3862　3865　3866

図案の写し方

布と図案を写したトレーシングペーパーを
まち針やマスキングテープで固定し、間に
刺しゅう用複写紙を挟み、セロファンを一
番上に乗せてトレーサー（インクが出なく
なったボールペンでも可）を使い図案を布
に写す。

図案

※実寸

Stitch

刺しゅう糸の番号とステッチ

［図案の見方］
738②ロング＆ショート
糸番号┃　　ステッチ名
　本数

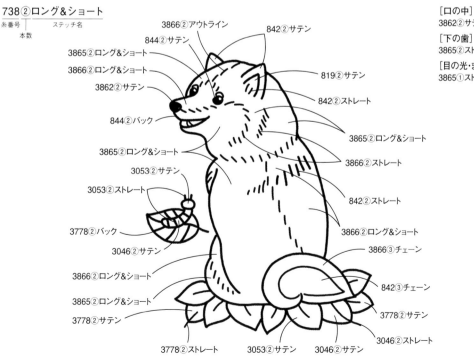

3866②アウトライン
842②サテン
844②サテン
3865②ロング＆ショート
3866②ロング＆ショート
3862②サテン
844②バック
3865②ロング＆ショート
3053②サテン
3053②ストレート
3778②バック
3046②サテン
3866②ロング＆ショート
3865②ロング＆ショート
3778②サテン

819②サテン
842②ストレート
3865②ロング＆ショート
3866②ストレート
842②ストレート
3866②ロング＆ショート
3866③チェーン
842③チェーン
3778②サテン
3046②ストレート

3778②ストレート　　3053②サテン　　3046②サテン

［口の中］
3862②サテン

［下の歯］
3865②ストレート

［目の光・まつげ］
3865①ストレート

［白柴さん］

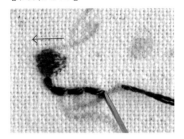

1 3862で鼻をサテンS、844で口のラインをバックSで刺す。

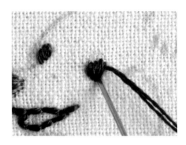

2 844で目をサテンSで刺す。

3 842で耳をサテンSで刺す。

4 819で耳の中をサテンSした後、上から842でストレートSを刺す。

5 3866でおでこの割れ目から鼻に向かってロング＆ショートSで刺す。おでこの割れ目はゆるめのアウトラインSで刺す。鼻のまわりでは刺す角度を変える。

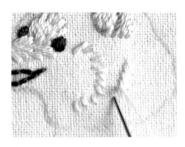

6 5と同じ色で、頬の毛並みの影になる部分をストレートSで刺す。

7 3865で頭からおでこ、奥の目のまわり、鼻のまわりへとロング＆ショートSで刺し進める。

8 続けてあごを斜めにロング＆ショートで刺す。

9 7と同じ色で頬をロング＆ショートSで刺し進める。

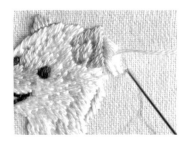

10 7と同じ色で後頭部から背中に向かって、毛並みが下に向かうようにロング＆ショートSで刺す。

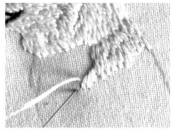

11 3866で背中の模様をロング＆ショートSで下まで刺し進める。

12 3865で左半分の背中をロング＆ショートSで刺す。あごの下の胸毛は毛並みの向きを少し斜めに変えて刺す。

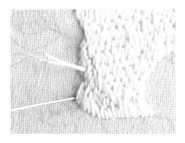

13 3866で太ももの上部を、3865で下部をそれぞれロング＆ショートSで刺す。

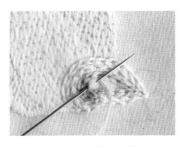

14 3866でシッポの外側を、842で内側をそれぞれチェーンSで往復しながら刺し埋める。

15 842で背中の濃い毛色部分をストレートSで刺す。

16 3862で口の中をサテンSで刺してから、3865で下の歯をストレートSで刺す。

17 3865で目の光、まつげをストレートSで刺す。まつげは目の上を横方向に刺す。

［落ち葉と芋虫さん］

1 葉っぱは図案にある色で自由に組み合わせてそれぞれサテンSで刺す。葉の向きによってサテンSの刺す方向を変える。葉柄はストレートSで刺す。
※枠を刺しやすい向きに持ち変えています。

2 芋虫さんは3046で胴体を、3053で頭をそれぞれサテンSで刺す。3053で触覚をストレートSで刺した後、胴体の上からストレートSで模様を刺す。

3 3778で落ち葉をバックSで刺す。

甘ーいお芋を
ほおばる黒柴さん

秋といえば食欲の秋……
お芋がおいしい季節ですね。
甘いお芋が大好物な柴犬さんは多いでしょう。

Thread

DMC 25番刺しゅう糸
310　422　645　680　834　842
921　3021　3726　3858　3865

図案の写し方

布と図案を写したトレーシングペーパーを
まち針やマスキングテープで固定し、間に
刺しゅう用複写紙を挟み、セロファンを一
番上に乗せてトレーサー (インクが出なく
なったボールペンでも可) を使い図案を布
に写す。

図案

※実寸

Stitch

刺しゅう糸の番号とステッチ

［図案の見方］
738②ロング&ショート
糸番号 ｜　　ステッチ名
　本数

［口の中］
842②サテン

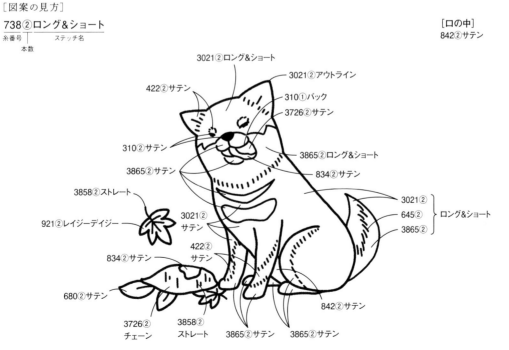

3021②ロング&ショート
3021②アウトライン
422②サテン
310①バック
3726②サテン
310②サテン
3865②ロング&ショート
3865②サテン
834②サテン
3858②ストレート
921②レイジーデイジー
3021②
サテン
3021②
645②　〕ロング&ショート
3865②
422②
サテン
834②サテン
680②サテン
842②サテン
3726②
チェーン
3858②
ストレート
3865②サテン
3865②サテン

[黒柴さん]

1　310で鼻と目をサテンSで刺す。

2　3021でおでこの中心から耳の付け根の方向へロング＆ショートSで刺し進め、そのまま耳を図案に沿ってアウトラインSで刺す。

3　2と同じ色でそのまま眉を除いて顔の黒毛部分をロング＆ショートSで刺し埋める。

4　422で耳の中を図案の中心線に向かってサテンSで刺す。

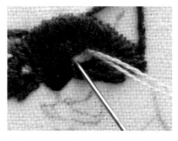

5　4と同じ色で眉もサテンSで刺す。

6　3865でマズルをサテンSで刺す。

7　6と同じ色で顔の白毛部分を外側から中心に向かってロング＆ショートSで刺し埋める。

8　6と同じ色で下あごをサテンSで刺す。

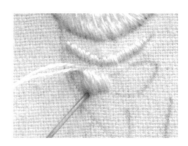

9　6と同じ色のまま胸の白毛部分をサテンSで刺す。

10　3021で胸の黒毛部分をサテンSで刺す。

11　10と同じ色で背中や太もも、お腹など面積が広い部分はロング＆ショートSで刺す。

12　10と同じ色で前足の黒毛部分をサテンSで刺す。

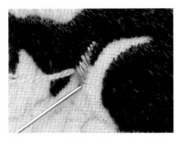

13 422で前足の茶色い毛の部分を
サテンSで刺す。

14 3865で足とももの白毛部分をそ
れぞれサテンSで刺す。

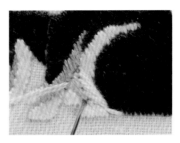

15 842でおへそまわりの毛をサテ
ンSで刺す。

16 シッポを上から3021、645、
3865の順にロング&ショートS
で刺す。

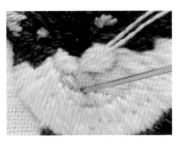

17 842で口の中をサテンSで刺す。

18 310で鼻の下と口のラインをバッ
クSで刺す。

[さつまいもともみじ]

1 口にくわえたさつまいもは3726
で皮の部分を、834で実の部分
をそれぞれサテンSで刺す。

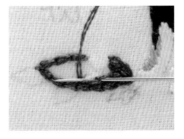

2 3726でさつまいもをチェーンS
で刺す。

3 834で実の部分をサテンSで刺
す。

4 3858でさつまいもの
模様をストレートSで
刺す。

5 680で落ち葉を図案の
中心線に向かってサテ
ンSで刺す。

6 921で紅葉をレイジー
デイジーSで刺す。

7 3858で紅葉の葉脈を
ストレートSで刺す。

Autumn 05

オヤツをくれなきゃ
いたずらするぞ

子どもたちと一緒に柴犬さんも
「トリック・オア・トリート！！」
シッポもふりふり、ワンワン。

Thread

DMC 25番刺しゅう糸

07　167　224　310　370　422
435　712　921　977　3045
3371　3835

図案の写し方

布と図案を写したトレーシングペーパーを
まち針やマスキングテープで固定し、間に
刺しゅう用複写紙を挟み、セロファンを一
番上に乗せてトレーサー（インクが出なく
なったボールペンでも可）を使い図案を布
に写す。

図案

※実寸

Stitch

刺しゅう糸の番号とステッチ

［図案の見方］

738②ロング＆ショート

糸番号｜　ステッチ名

本数

[目・鼻]
310②サテン

[眉]
712②サテン

[目の光]
712②ストレート

[口のライン]
310①バック

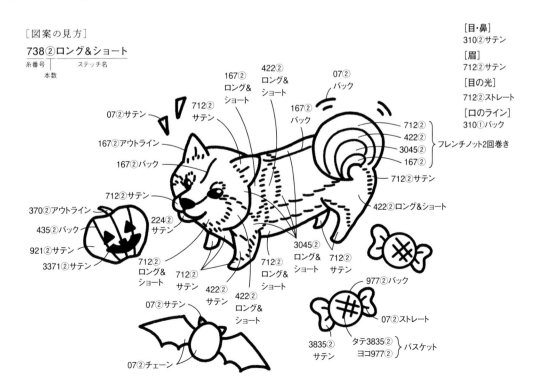

07②サテン

167②ロング＆ショート

422②ロング＆ショート

07②バック

712②サテン

167②バック

167②アウトライン

167②バック

712②
422②
3045②
167②　フレンチノット2回巻き

712②サテン

712②サテン

422②ロング＆ショート

370②アウトライン

224②サテン

435②バック

921②サテン

3371②サテン

3045②ロング＆ショート

712②サテン

712②ロング＆ショート

712②サテン

422②サテン

422②ロング＆ショート

712②ロング＆ショート

977②バック

07②ストレート

07②サテン

07②チェーン

3835②サテン

タテ3835②
ヨコ977②　｝バスケット

［柴犬さん］

1　310で目と鼻をそれぞれ横方向にサテンSで刺す。

2　712で眉とマズルをサテンSで刺す。

3　2と同じ色で顔の白毛部分をロング＆ショートSで刺す。

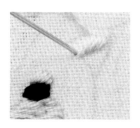

4　2と同じ色で耳の中を中心の線に向かってサテンSで刺す。

5　224で口をサテンSで刺す。

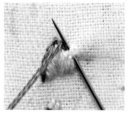

6　167で耳の輪郭をアウトラインSで刺す。

POINT

アウトラインSで角を刺すときは、角を渡る糸をすくって角で一度針を落とすようにする。

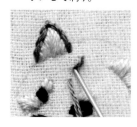

7　6と同じ色でおでこの線をバックSで刺す。

8　3045で顔の上部分をロング＆ショートSで刺す。

9　422で顔の残りの部分をロング＆ショートSで刺す。一目の幅が短くなってきたらサテンSに切り替えて刺す（a）。

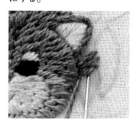

10　167で首の後ろをロング＆ショートSで刺す。

11　10と同じ色で背中の線をバックSで刺す。

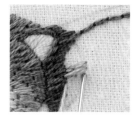

12　422で肩の模様をロング＆ショートSで刺す。

13　3045で肩と背中全体をロング＆ショートSで刺す。

14　422で前足をサテンSで、太もも後ろ足までをロング＆ショートSで刺す。一目の幅が狭くなってきたらサテンSで刺す（b）。

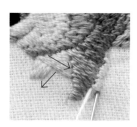

15　712で胸と前足の白毛部分をそれぞれ角度を変えてサテンSで刺す。

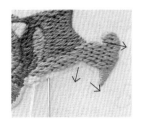
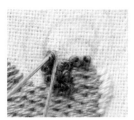

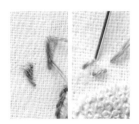

16 15と同じ色でお腹をロング＆ショートＳで、後ろ足とお尻の白毛は15と同じようにサテンＳで刺す。

17 シッポは内側から167、3045、422、712の順にフレンチノットＳ（2回巻き）で刺す。各色図案の線に沿って輪郭を刺してから中を埋めるように刺す。

18 712で目の光をストレートＳで、310で口のラインをバックＳで刺す。

19 07でワクワクしている様子をサテンＳで刺す。同じ色でシッポをふりふりしている様子をバックＳで刺す。

[ハロウィンかぼちゃのぬいぐるみ]

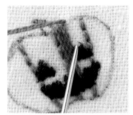

1 3371で目と口をサテンＳで刺す。

2 435でかぼちゃの線をバックＳで刺す。

3 921でかぼちゃ全体をサテンＳで刺す。

4 370でへたをアウトラインＳで刺す。ステッチを並べるようにして刺し埋める。

[コウモリのぬいぐるみ]

1 07で体と翼をチェーンＳで刺す。輪郭を刺してからステッチを並べるようにして中を刺し埋める。

チェーンＳをつなげるときは、刺し始めの糸の下に針を通してチェーンをつなぐ。

チェーンＳで角を刺すときは角になる部分に一度針を落としてステッチを固定してからまた同じように刺し進める。

2 1と同じ色で耳をサテンＳで刺す。

[キャンディのオモチャ]

1 3835と977でキャンディの丸い部分をバスケットＳで刺す。

2 977で1のまわりをバックＳで刺す。

3 3835でキャンディのリボン部分をサテンＳで刺す。

4 07で3の上から模様をストレートＳで刺す。

Winter 01

毛糸玉にじゃれて遊ぶ
子犬さん

子犬さんは家の中で甘えん坊＆いたずらし放題。
温かい毛糸の帽子をつけて、
毛糸玉にじゃれて、遊んで、楽しい！

Thread

DMC 25番刺しゅう糸
07　152　844　3363　3778
3862　3863　3864　3866

図案の写し方

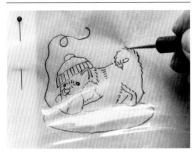

布と図案を写したトレーシングペーパーを
まち針やマスキングテープで固定し、間に
刺しゅう用複写紙を挟み、セロファンを一
番上に乗せてトレーサー（インクが出なく
なったボールペンでも可）を使い図案を布
に写す。

図案

※実寸

Stitch

刺しゅう糸の番号とステッチ

［図案の見方］

738②ロング＆ショート
糸番号┃　　ステッチ名
　　本数

[目・鼻]
844②サテン

[鼻の下・口のライン]
844①バック

[耳の中]
07②サテン

[目の光]
3866①ストレート

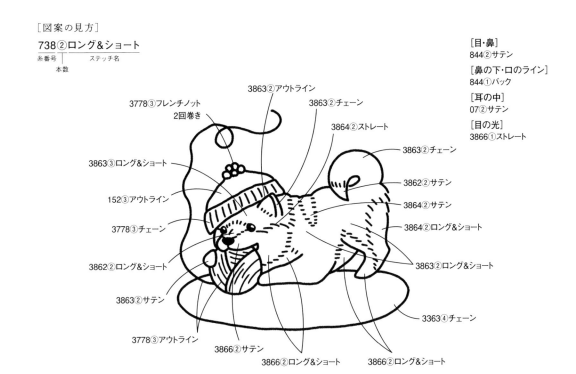

3863②アウトライン
3863②チェーン
3864②ストレート

3778③フレンチノット
2回巻き

3863③ロング＆ショート

152③アウトライン

3778③チェーン

3862②ロング＆ショート

3863②サテン

3778③アウトライン

3866②サテン

3866②ロング＆ショート

3866②ロング＆ショート

3863②チェーン
3862②サテン
3864②サテン
3864②ロング＆ショート
3863②ロング＆ショート
3363④チェーン

How to make

※ S はステッチの略　※ 矢印は刺す方向

［柴子犬］

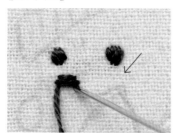

1　844で目と鼻をサテンSで刺す。

2　3862で目の間は縦方向に、鼻の まわりは横方向に角度を変えて、 ロング＆ショートSで刺す。

3　3863でおでこから頭を放射状 になるよう意識しながらロング＆ ショートSで刺す。

4　3と同じ色で耳の外側をチェーン S、おでこ側をアウトラインSで刺 す。

5　3866で鼻のまわりをサテンS、頬 をロング＆ショートSで刺す。

6　左頬も5と同様に刺し進める。

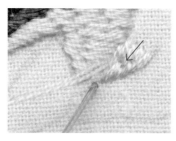

7　5と同じ色で角度を変えて斜め下 に向かいながら胸の毛をロング＆ ショートSで刺す。

8　844で鼻の下と口のラインをバッ クSで刺す。

9　07で耳の中をサテンSで刺す。

10　3864で頬の、茶色と白の毛の境 目を上からストレートSで刺す。

11　10と同じ色で背中の模様をサテ ンSで刺す。

12　3863で間を埋めるように首の 後ろをロング＆ショートSで刺 す。

13 続けて背中から肩、腕へと角度を徐々に変えて刺していく。

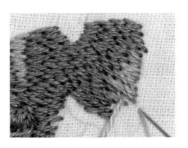

14 後ろ足も、背中とは角度を徐々に変えて刺し進め、3864でお尻側をロング＆ショートSで刺し、毛色のグラデーションを意識する。

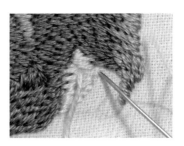

15 3866でお腹と足先をそれぞれロング＆ショートSで刺す。

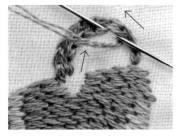

16 3863でシッポをチェーンSで往復しながら刺す。

17 3862でシッポの先をサテンSで刺す。

18 3863で毛糸玉を抱える右前足をサテンSで刺す。

19 3866で目の光をストレートSで刺す。糸は引きすぎないように注意する。

[毛糸玉や帽子]

1 3778で毛糸玉と飛び出している毛糸をアウトラインSで刺す。毛糸玉は刺す向きを3箇所で変えて刺す。

2 1と同じ色で帽子の下の部分をチェーンSで上下に往復させながら刺していく。

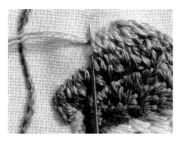

3 152で帽子の上部を放射状になるように、同じく上下に往復しながらアウトラインSで刺していく。

4 3778でポンポンをフレンチノットS（2回巻き）で刺す。

5 3363でカーペットをチェーンSでまわりから中を埋めるように往復しながら刺す。

Winter 02

雪だるまと
柴犬さん

雪遊びが大好きな柴犬さん。
雪が降るとソワソワしてしまう。
犬の形の雪だるまを見て嬉しそうです。

Thread

DMC 25番刺しゅう糸

407 437 722 762 779
931 951 3021 3866

図案の写し方

布と図案を写したトレーシングペーパーを
まち針やマスキングテープで固定し、間に
刺しゅう用複写紙を挟み、セロファンを一
番上に乗せてトレーサー（インクが出なく
なったボールペンでも可）を使い図案を布
に写す。

図案

※実寸

Stitch

刺しゅう糸の番号とステッチ

［図案の見方］

738②ロング＆ショート
糸番号 — 本数 — ステッチ名

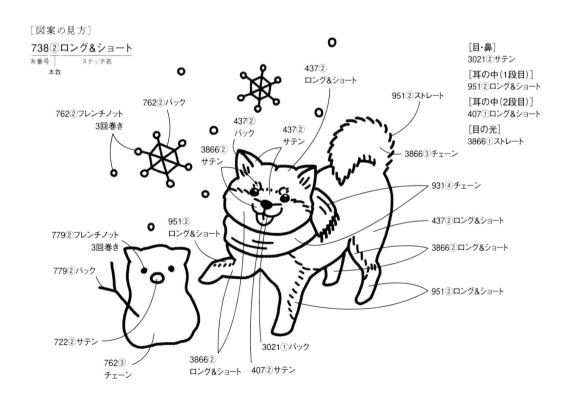

762②フレンチノット
3回巻き

762②バック

437②
ロング＆ショート

762②バック

437②
バック

437②
サテン

3866②
サテン

951②ストレート

3866③チェーン

931④チェーン

437②ロング＆ショート

3866②ロング＆ショート

951②ロング＆ショート

779②フレンチノット
3回巻き

779②バック

951②
ロング＆ショート

722②サテン

762③
チェーン

3866②
ロング＆ショート

407②サテン

3021①バック

［目・鼻］
3021②サテン

［耳の中（1段目）］
951②ロング＆ショート

［耳の中（2段目）］
407①ロング＆ショート

［目の光］
3866①ストレート

[柴犬さん]

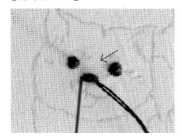

1 3021で鼻と目をサテンSで刺す。

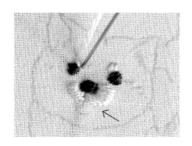

2 3866でマズルと眉をサテンSで刺す。

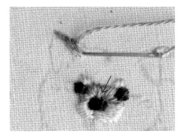

3 437で鼻の上と耳のおでこ側をサテンSで刺す。

4 3と同じ色で頭をロング＆ショートSで刺す。

5 そのまま、耳の外側はバックSで刺す。

6 3と同じ色で顔をロング＆ショートSで刺し埋める。

7 3866で顔の下半分をロング＆ショートSで刺し埋める。

8 951で耳の中を1段目だけロング＆ショートSで刺す。

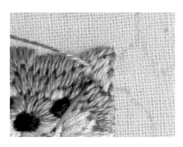

9 407で耳の中、2段目をロング＆ショートSで刺し埋める。

10 407で舌をサテンSで刺し、3021で鼻の下と口のライン、舌のラインをバックSで刺す。

11 3866で胸から前足、後ろ足の白毛をロング＆ショートSで刺す。

12 951で前足、後ろ足の残りの部分をロング＆ショートSで刺し埋める。

13 437で体全体をロング＆ショートSで刺し埋める。

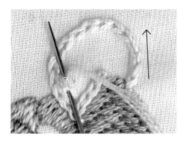

14 3866でシッポをチェーンSで刺す。輪郭に沿って外側から徐々に内側を刺していく。

15 951で14の上からシッポの外側を毛並みに沿ってストレートSで刺す。

［マフラー］

16 3866で目の光をストレートSで刺す。

1 931でマフラーをチェーンSで刺す。

2 マフラーの先端は縦方向に1列ずつ刺し、終わりの糸を長めにとって針を落とす。

［柴犬雪だるまと雪の結晶］

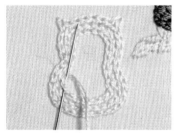

1 762で雪だるまをチェーンSで刺す。耳の部分は尖るように一旦針を落として固定する。輪郭に沿って外側から徐々に内側を刺していく。

2 722で鼻を横方向にサテンSで刺す。779で目をフレンチノットS（3回巻き）で刺す。

3 779で雪だるまの腕（枝）をバックSで刺す。

4 762で雪の結晶をバックSで刺す。

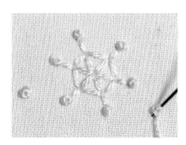

5 4と同じ色で雪の結晶の粒と、まわりの雪をフレンチノットS（3回巻き）で刺す。

Winter ～03

クリスマスプレゼント
うれしいな

街にはイルミネーション。
お家の中にもクリスマスツリー。
リースに使われるひいらぎの葉と柴子犬さんです。

Thread

DMC 25番刺しゅう糸
07 169 224 310 436 453
833 3022 3777 3787 3790
3866

図案の写し方

布と図案を写したトレーシングペーパーを
まち針やマスキングテープで固定し、間に
刺しゅう用複写紙を挟み、セロファンを一
番上に乗せてトレーサー（インクが出なく
なったボールペンでも可）を使い図案を布
に写す。

図案

※実寸

Stitch

刺しゅう糸の番号とステッチ

［図案の見方］
738②ロング&ショート
糸番号 ┃　ステッチ名
　　本数

[目・鼻]
310②サテン
[目の光]
3866②ストレート
[鼻の下・口のライン]
310②バック

3777⑥ジャーマンノット
3787②チェーン
453②フレンチノット2回巻き
436②ロング&ショート
3866②サテン
3790②ストレート
3790②サテン
224②サテン
833②サテン
07②サテン
169②サテン
833②サテン
3866②ロング&ショート
453②チェーン
3022②ロング&ショート
07②サテン
3790②サテン
436②サテン
3866②チェーン
453②ロング&ショート
436②ロング&ショート

［柴子犬］

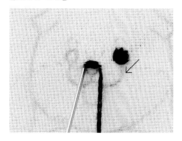

1　310で目と鼻をそれぞれ横方向に
　　サテンSで刺す。

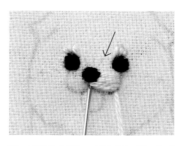

2　3866で眉とマズルをサテンSで
　　刺す。

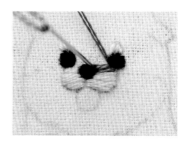

3　3790で鼻の上を図案の線に沿っ
　　てストレートSで刺し埋める。

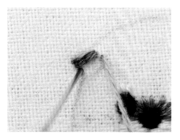

4　3と同じ色で耳をサテンSで刺す。

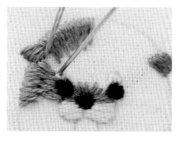

5　436で頭をロング＆ショートSで
　　刺す。

6　224で舌をサテンSで刺す。

7　3866で顔の下半分をロング＆
　　ショートSで刺す。

8　7と同じ色で目の光をストレートS
　　で刺す。

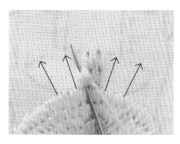

9　453で胸の毛を、首から下に向
　　かってチェーンSで刺す。
　　※画像では刺しやすいように枠の
　　向きを逆さにしています。

10　436で肩をロング＆ショートS
　　で刺す。

11　10と同じ色で後ろ足をサテンS
　　で刺す。

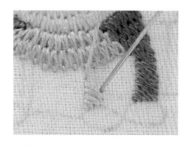

12　453で前足をロング＆ショートS
　　で1段だけ刺す。

 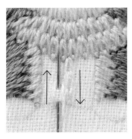  

13 2段目は436でロング
&ショートSで刺す。

14 3866でお腹の毛を
チェーンSで刺す。上
下に向かって順に並べ
て刺し埋めていく。

15 3790で足先をサテン
Sで刺す。

16 310で鼻の下と口のラ
インをバックSで刺す。

［光の粒］　　　　　　［ひいらぎ］

1 453で光の粒をフレン
チノットS（2回巻き）で
刺す。

1 3787でひいらぎの葉
をチェーンSで刺す。
輪郭を刺してから中を
刺し埋めていく。

2 3777でひいらぎの実
をジャーマンノットSで
刺す。

［クリスマスプレゼント］

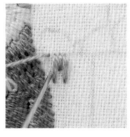   

1 3022で手前の箱をロ
ング＆ショートSで刺
す。

2 07でプレゼントのリボ
ンをサテンSで刺す。

3 2と同じ色で箱の上のリ
ボンをサテンSで刺す。

4 2と同じ色でリボンの真
ん中をキュッと絞るよう
に縦へサテンSで刺す。

5 169で奥の箱をサテン
Sで刺す。

6 833でプレゼントのリ
ボンをサテンSで刺す。
箱の上のリボンは同じ
色で3、4と同様に刺す。

まんまるお昼寝
白柴さん

あたたかそうなラグの上で、まん丸になって眠る白柴さん。
気持ちよさそうに閉じている目にも注目。

Thread

DMC 25番刺しゅう糸
04 415 437 842 3021 3859
3864 3865 3866 ECRU

図案の写し方

布と図案を写したトレーシングペーパーを
まち針やマスキングテープで固定し、間に
刺しゅう用複写紙を挟み、セロファンを一
番上に乗せてトレーサー（インクが出なく
なったボールペンでも可）を使い図案を布
に写す。

図案

※実寸

Stitch

刺しゅう糸の番号とステッチ

［図案の見方］

738②ロング＆ショート

糸番号┘│ └ステッチ名
　　本数

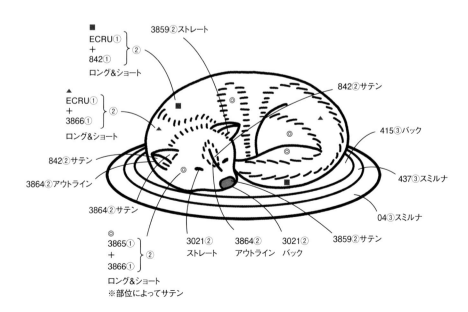

■
ECRU①
＋
842①　　}②
ロング＆ショート

3859②ストレート

842②サテン

▲
ECRU①
＋
3866①　}②
ロング＆ショート

415③バック

842②サテン

437③スミルナ

3864②アウトライン

04③スミルナ

3864②サテン

3859②サテン

◎
3865①
＋
3866①　}②
ロング＆ショート
※部位によってサテン

3021②
ストレート

3864②
アウトライン

3021②
バック

［白柴さん］

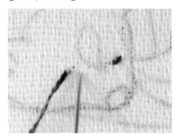

1 3021で目をストレートSで刺す。

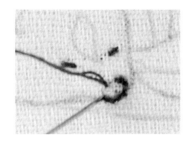

2 1と同じ色で鼻の輪郭をバックS で刺す。

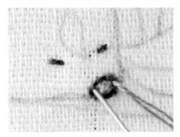

3 3859で鼻の中をサテンSで刺す。

4 3864でおでこの模様の真ん中を アウトラインSで刺す。

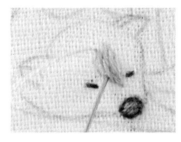

5 842でおでこの模様をサテンS で刺す。

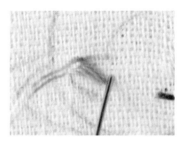

6 3864で耳のおでこ側をサテンS で刺す。

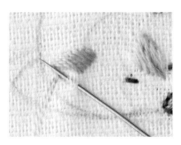

7 6と同じ色で耳の外側をアウトラ インSで刺す。

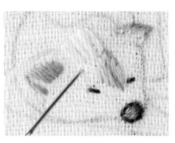

8 3865と3866を1本ずつ合わせ、 2本にした糸で頭から顔全体をロ ング&ショートSで刺す(◎)。

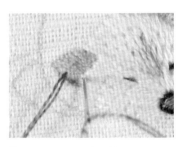

9 3859で耳の中の線をストレート Sで刺す。

10 842で耳の中をサテンSで刺す。

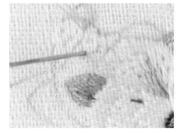

11 ECRUと3866を1本ずつ合わ せ、2本にした糸で首の裏側をロ ング&ショートSで刺す(▲)。

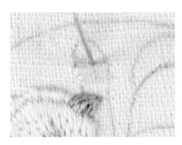

12 8と同じ色で肩の模様をロング& ショートSで刺す(◎)。

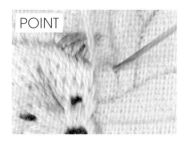

面積が少ない部分は無理にロング＆
ショートSで刺さず、サテンSで刺す。

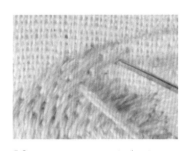

13　ECRUと842を1本ずつ合わせ、
2本にした糸で背中の毛をロン
グ＆ショートSで刺す（■）。

14　毛色の境目が気になるところは
刺した糸の上から重ねてロング＆
ショートSを刺して、境目を自然
になじませる。

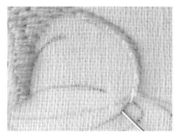

15　13と同じ色でそのまま背中から
シッポに向けてロング＆ショート
Sで刺す（■）。

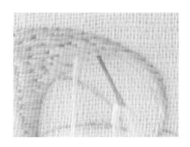

16　11と同じ色で、お尻の横の部分
からシッポに向かってロング＆
ショートSで刺す（▲）。

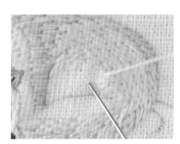

17　8と同じ色で太ももをロング＆
ショートSで刺す。一目を短めに
して刺す角度に変化をつけていく
（◎）。

[ラグ]

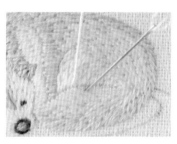

18　8と同じ色でシッポの内側をロン
グ＆ショートSで刺す（◎）。

19　8と同じ色で頭と首の毛の境目を
なじませるように上からロング＆
ショートSで刺し、色をなじませ
る。

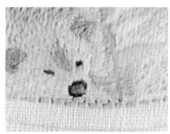

1　415でラグの中心を、一目を短く
してバックSで刺す。

2　437でラグの真ん中をスミルナS
で2列分刺す。

3　04でラグの外側をスミルナSで
刺す。内側から刺し進め、図案が
埋まるまで刺す。

4　2と3で刺したスミルナSのルー
プをカットし、糸の長さを揃えて
カットする。

Winter 05

今年もよろしく
鏡餅の前の黒柴さん

おだやかなお正月。
飼い主さんは炬燵でのんびり寝正月。
お散歩には連れてってね！

Thread

DMC 25番刺しゅう糸

150　167　310　367　372　422
524　712　976　3021　3363
3777　3820　3865

図案の写し方

布と図案を写したトレーシングペーパーを
まち針やマスキングテープで固定し、間に
刺しゅう用複写紙を挟み、セロファンを一
番上に乗せてトレーサー（インクが出なく
なったボールペンでも可）を使い図案を布
に写す。

図案

※実寸

Stitch

刺しゅう糸の番号とステッチ

［図案の見方］

738②ロング&ショート
糸番号｜ステッチ名
　　本数

3820②
フレンチノット
2回巻き

3363②アウトライン

3820①ストレート

150②サテン

3777②バック

3777②サテン

372①
＋
524①｝②サテン

3021②ロング&ショート

422②サテン

3021②サテン

3021②バック

3021②サテン

422②ストレート

3021②チェーン

367②レイジーデイジー

976②サテン

3865②サテン

712②チェーン

712②サテン

3777②バック

167②
サテン

3021②
サテン

712②サテン

712②サテン

422②アウトライン

712②ロング&ショート

167②サテン

3021②ロング&ショート

422②サテン

167②サテン

422②ストレート

[目・鼻]
310②サテン

[目の光]
712②ストレート

[口のライン]
310①バック

[黒柴さん]

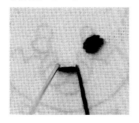

1 310で目と鼻をそれぞれ横方向にサテンSで刺す。

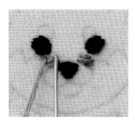

2 167で目の下の濃い茶色毛部分をサテンSで刺す。

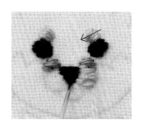

3 422で眉とマズルをサテンSで刺す。

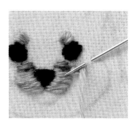

4 3と同じ色で頬の模様をアウトラインSで刺す。

5 712で耳の中は中心線に向かって、下あごは横方向に、それぞれサテンSで刺す。

6 5と同じ色で顔の下半分をロング&ショートSで刺す。

7 3021で耳のおでこ側をサテンSで、外側をバックSで刺す。

8 7と同じ色で頭をロング&ショートSで刺す。

9 7と同じ色で背中をロング&ショートSで刺す。

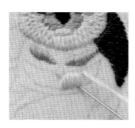

10 422と712でそれぞれ胸の模様をサテンSで刺す。

11 3021で胸の黒毛をサテンSで刺す。

12 11と同じ色で前足と後ろ太ももの黒毛部分をサテンSで刺す。

13 422で両前足、右後ろ足の毛色の境目をそれぞれストレートSで刺す。

14 167と712で両前足、右後ろ足のそれぞれをサテンSで刺す。

15 712で左後ろ足をサテンSで刺す。

16 712と3021でシッポをそれぞれチェーンSで刺す。

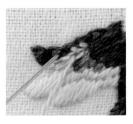  

17 422で16の2色の
チェーンSの上からス
トレートSを刺す。

18 712で目の光をスト
レートSで刺す。

19 310で口のラインを
バックSで刺す。

[鏡餅]

 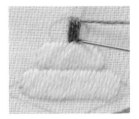 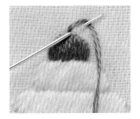 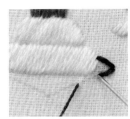

1 3865でお餅をサテン
Sで刺す。

2 976でみかんをサテン
Sで刺す。

3 367でみかんの葉をレ
イジーデイジーSで刺
す。

4 3777で敷物をバック
Sで刺す。

[椿の正月飾り]

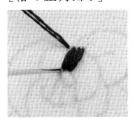   

1 150で椿の花びらをサ
テンSで刺す。

2 3820でおしべをスト
レートSで刺す。

3 2と同じ色でおしべの
先端をフレンチノットS
（2回巻き）で刺す。

4 3363で葉をアウトラ
インSで刺す。

  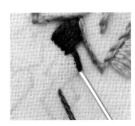

5 372と524を合わせて
針に通し、しめ縄をサテ
ンSで刺す。

6 3777で紙垂の一番上
と三番目をサテンSで
刺す。

7 6と同じ色で紙垂の2番
目の輪郭をバックSで
刺す。

道具・糸・布

［道具］

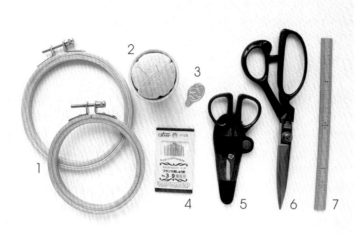

1　刺しゅう枠
　　布をピンと張るための枠。

2　ピンクッション
　　一時的に針を刺しておくためのもの。

3　糸通し
　　針に糸を通すときに使います。

4　刺しゅう針
　　フランス刺しゅう用の針。

5　手芸ハサミ
　　糸を切るのに使います。

6　裁ちばさみ
　　布を裁つときに使います。

7　ものさし
　　長さを測るときに使います。

8　セロファン
　　図案を布へ写すときに使います。

9　トレーシングペーパー
　　図案を書き写すための薄い紙。

10　刺しゅう用複写紙
　　図案を布へ写すときに使う複写紙。

11　トレーサー
　　図案をなぞって布地に写すときに
　　使います。

12　シャープペン
　　図案をトレーシングペーパーへ
　　写すときに使います。

13　水で消える図案写し用ペン
　　水で洗うと消えます。

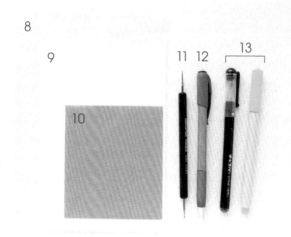

［布・糸］

1　コットンリネンキャンバス
　　綿と麻混合のしっかりした生地。
　　麻の風合いも楽しめる。

2　リネン
　　麻でできた生地。上品な印象で丈夫。

3　コットンシーチング
　　綿でできた薄手の生地。図案が
　　写しやすく刺しゅうの練習にもよい。

※布は洗うと縮むことがあるので、裁つ前に
一度水で洗ってアイロンをかけましょう。

4　25番刺しゅう糸
　　本書ではDMCの25番刺しゅう糸を
　　使っています。

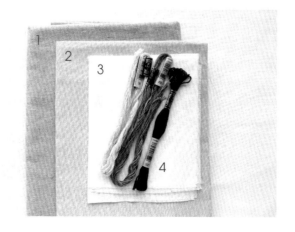

図案の写し方

1 布に図案を写したトレーシングペーパーを重ね、上と横の2箇所をまち針やマスキングテープで固定し、複写紙のインク面が布と接するように間に差し込む。

2 上にセロファンを重ねてトレーサーまたはインクが出なくなったボールペンなどで図案をなぞる。

3 図案を写したところ。写した図案が薄かったり、刺しゅうの途中で消えてしまいそうなときはチャコペンなどで書き足す。

刺しゅう枠の使い方

1 布の向き（縦目と横目。布を引っ張ると伸びるほうが横目）を確認し、内枠・布・外枠の順に重ねる。

2 平らな場所で上から均等な力でしっかりと外枠を押し込み布を張る。

3 ネジを締めて布を固定する。

4 布の目が縦横まっすぐになっているか確認する。

25番刺しゅう糸の扱い方

1 ラベルから出ている糸束の端を引いてほどき、一本の長い糸束（約8m）を半分に折り、また半分に折り、次に三つ折りにし、ラベルを戻す。

2 糸束の両端の輪をカットする。一本の糸が約65cmの長さになったものが出来上がる。

3 ラベル上を固定し、両方の糸束から4本ずつ糸束を取り、8本ずつになった3つの束でゆるめの三つ編みをする。

4 糸を引き抜く際は、ラベルの上側から針のお尻を使って6本撚りのうち1本を引き抜く。必要本数を引き抜き針に通す。2本取りなら糸を2本針に通す。

刺し始め、刺し終わりと糸のつなぎ方

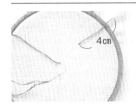

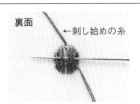

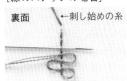

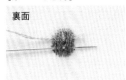

1 表面の図案から少し離れたところから針を入れ、4cmほど糸を残して図案を刺し始める。

2 図案を刺し終えたら、刺しゅうした部分の裏面に針を通し、数回往復させ、余分な糸をカットする。刺し始めの糸も同様に処理する。

［線のステッチの場合］
同様に、刺しゅうした部分の裏面に針を通し、数回往復させ、余分な糸をカットする。刺し始めの糸も同様に処理する。

［糸のつなぎ方］
先に刺した図案の裏面に針を通し、数回往復させて糸をつなげる。

ステッチの刺し方

[図案の見方] **738②ロング&ショート**
糸番号｜
　　　本数｜ステッチ名

※ステッチ名のないものは、そこで紹介しているステッチ
※図案のステッチは指定以外2本取り　※ステッチ説明画像は2本取り

[ストレートステッチ]

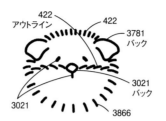

422
アウトライン

422

3781
バック

3021
バック

3021

3866

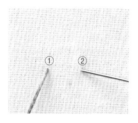

1 布の裏から①へ針を出し、②に入れる。

[ランニングステッチ]

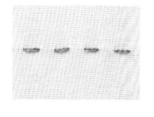
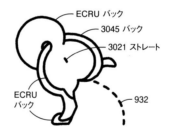
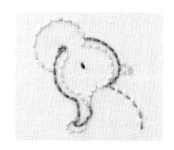

ECRU バック

3045 バック

3021 ストレート

ECRU
バック

932

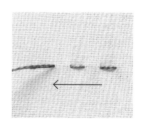
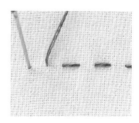

1 布の裏から①へ針を出し、②に入れる。
※このときはまだ糸は引き抜かない。

2 ③から針を出し、④に入れ、⑤から針を出す。

3 進行方向に針を引き抜く。図案の線に沿ってこれを繰り返す。

4 最後は図案の終点に針を入れる。

［バックステッチ］

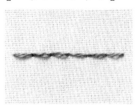

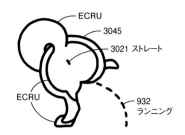

ECRU
3045
3021 ストレート
ECRU
932 ランニング

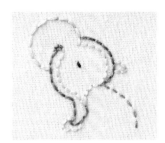

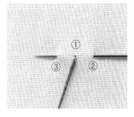

1 布の裏から①へ針を出し、ステッチの進行方向とは反対の②に入れ③から針を出す。

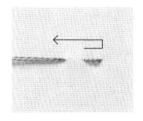

2 進行方向に針を引き抜く。

3 ステッチの進行方向とは反対の④（1-①）に針を入れ、⑤から針を出し、進行方向に針を引き抜く。図案の線に沿ってこれを繰り返す。

4 最後は図案の終点の一目手前に針を入れる。

［アウトラインステッチ］

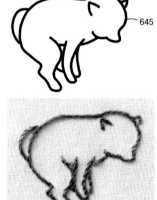

645

POINT

アウトラインSで角を刺すときは、角を渡る糸をすくって角で一度針を落とすようにする。

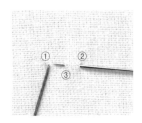

1 布の裏から①へ針を出し、②に入れ③から針を出す。

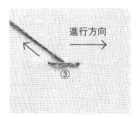

進行方向

2 進行方向とは反対に針を引き抜く。

3 ④に針を入れ⑤（1-②）から出し、進行方向と反対に針を引き抜く。図案の線に沿ってこれを繰り返す。

4 最後は図案の終点に針を入れる。

［チェーンステッチ］

赤柴のシッポ

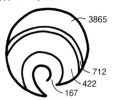

3865
712
422
167

黒柴のシッポ

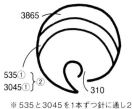

3865
535①
3045①
② 310

※535と3045を1本ずつ針に通し2本取りにする

白柴のシッポ

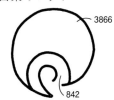

3866
842

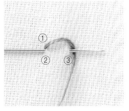

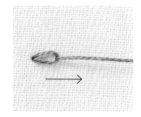

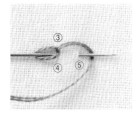

1 布の裏から①へ針を出し、①と同じ場所に針を入れ（②）、③から針を出し①から出ている糸を針の下に通す。

2 進行方向に針を引き抜く。

3 ③と同じ場所に針を入れ（④）、⑤から針を出し③から出ている糸を針の下に通し、進行方向に針を引き抜く。図案の線に沿ってこれを繰り返す。

4 進行方向に針を引き抜いたあと、最後はループの先の図案の終点に針を入れる。

POINT

チェーンSをつなげるときは、刺し始めの糸の下に針を通してチェーンをつなぐ。

POINT

チェーンSで角を刺すときは角になる部分に一度針を落としてステッチを固定してからまた同じように刺し進める。

［レイジーデイジーステッチ］

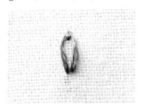

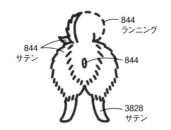

844
ランニング

844
サテン

844

3828
サテン

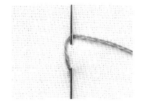

1 布の裏から①へ針を出し、①と同じ場所に針を入れ（②）、③から出す。

2 1-①から出ている糸を針の下に通す。

3 上に針を引き抜く。

4 ループの先に針を入れる。

［ロング＆ショートステッチ］

782サテン
3045
[目の光]
3865ストレート
3865
782
3865
サテン
310①バック
3865

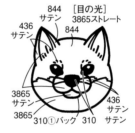

844
サテン
436
サテン
844
[目の光]
3865ストレート
3865
サテン
3865
436
サテン
310①バック
310

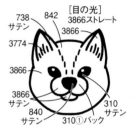

738
サテン
3774
3866
3866
サテン
840
842
[目の光]
3866ストレート
3866
310
サテン
310①バック

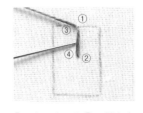

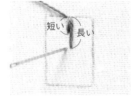

短い　長い

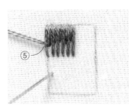

⑤

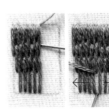

1 布の裏から①へ針を出し②に入れ、①のすぐ隣（③）から針を出し、①から②の糸の長さより半分ほどの位置で針を入れる（④）。

2 表に見える糸の長さを〈長い→短い〉と順番に刺し、これを繰り返して糸を平行に並べるように刺し進める。

3 図案の中心から刺し始め、左端まで来たら2段目を刺す。1段目の糸を入れたところから針を出し、2の〈長い〉の長さで針を入れ、これを繰り返し、図案の中心に戻っていく。

4 中心に戻ったら右半分も同じように刺し進める。このあとショートですき間を刺し、図案を刺し埋める。

99

［サテンステッチ］

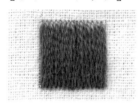

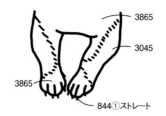

3865
3045
3865
844①ストレート

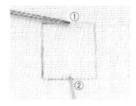

1 布の裏から①へ針を出し、②に入れる。（図案の端から端に向かって刺す。）

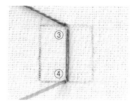

2 1-①のすぐ隣から針を出し（③）、1-②のすぐ隣に入れる（④）。これを繰り返して糸を平行に並べるように刺し進める。

3 その際、布に対して垂直に針を出し入れする。

4 図案の中心から刺し始め、左半分が埋まったら、同じように右半分も刺し埋める。

［バスケットステッチ］

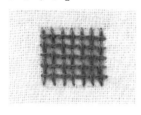

赤柴の耳

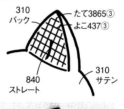

435
バック
たて3865③
よこ407③
07
ストレート
435
サテン

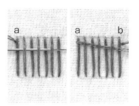

黒柴の耳

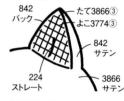

310
バック
たて3865③
よこ437③
840
ストレート
310
サテン

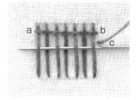

白柴の耳

842
バック
たて3866③
よこ3774③
842
サテン
224
ストレート
3866
サテン

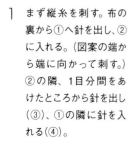

1 まず縦糸を刺す。布の裏から①へ針を出し、②に入れる。（図案の端から端に向かって刺す。）②の隣、1目分間をあけたところから針を出し（③）、①の隣に針を入れる（④）。

2 これを繰り返して糸を平行に並べるように刺し進める。

3 次に横糸を刺す。aから針を出し、縦糸を交互にすくいながら針を図案の向こう端まで引き抜き、bに針を入れる。

4 布の裏からcへ針を出し3ですくった縦糸とは逆の縦糸をすくいながら図案の向こう端まで針を引き抜き、aの隣に針を入れる。これを繰り返して糸を平行に並べるように刺し、図案を刺し埋める。

［ フレンチノットステッチ ］

422④
2回巻き

422②
2回巻き

※好きな色で
刺してもOK

1 布の裏から①へ針を出
し、出た糸を針に指定
の回数巻きつける。

2 巻き付けた糸をしっか
り引く。

3 糸をしっかり引いたまま
1-①の隣に針を入れ
る。

4 刺した針を垂直に立て、
糸を引きしめてから、針
を裏へ引き抜く。

［ ジャーマンノットステッチ ］

168⑤

168③

※好きな色で
刺してもOK

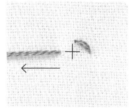

① ③ ②

③

1 布の裏から①へ針を出
し、②に入れ③から針を
出す。十字をイメージす
る。

2 そのまま針を進行方向
に引き抜く。

3 1-①から②にわたる糸
の下に針を通す。この
時③から出ている糸の
上を通る様にする。

4 糸を引いた様子。糸は
強く引きすぎない。

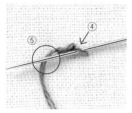

⑤ ④

5 また1-①から②にわ
たる糸の下に針を通す。
このとき4の糸より右
側をくぐらせ（④）、4で
引いた糸の上（⑤）に針
を通す。

6 ゆっくり針を下方向に
引き抜く。

7 十字の下の位置に針を
入れる。この時できあ
がった玉を引き締めす
ぎないように程よい大
きさでとめる。

［バリオンステッチ］

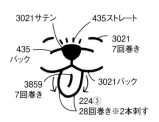

3021サテン　　　435ストレート
435　　　　　　　　　　3021
バック　　　　　　　　　7回巻き

3859　　　　　　3021バック
7回巻き
　　　　224③
　　　28回巻き※2本刺す

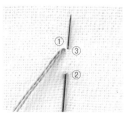

1 布の裏から①へ針を出し、②に入れ、①のすぐ隣の③から針を出す。

2 ③から出ている針に、①から出ている糸を巻きつける。

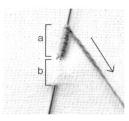

3 巻き付けた糸をギュッとしぼる。巻き付けた糸の幅aが、針ですくった布の幅bより長くなるようにする。

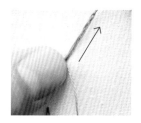

4 巻き付けた糸（3-a）をしっかり押さえたまま、針を上に引き抜き、糸が最後まで引けたら指を離す。

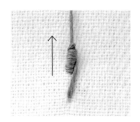

5 糸をさらに上に引いて形を整える。

6 引いた糸を真下に下げる。

7 糸を引いて形を整えたら1-②と同じ位置に針を入れる。

刺しゅうが終わった後の仕上げ

1 刺しゅうが終わったら、はみ出ている余分な図案を水で濡らした綿棒などで消す。

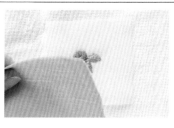

2 厚手のタオルを敷いて、刺しゅうした布を裏返して置き、軽く霧吹きをかけ、当て布をして中〜高のドライアイロンをかける。

3 布のしわがとれ、刺しゅうがふっくらと仕上がる。

［スミルナステッチ］

赤柴のお尻

3865③　　436③
844ストレート　　712③　738③

黒柴のお尻

3865③　　310③
844ストレート　　844③

白柴のお尻

3866③　　738③
840ストレート　　842③

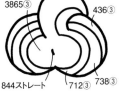

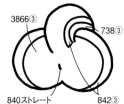

※お尻は内側から刺すと
刺しやすい

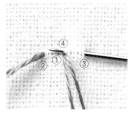

1 表から①へ針を入れ②
から出し、③に針を入れ
④（①と同じ位置）から
出す。

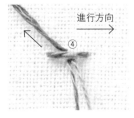

進行方向

2 進行方向とは反対に針
を引き抜く。

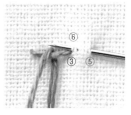

3 ⑤に針を入れ⑥（1-③
と同じ位置）から出す。

4 進行方向と反対に針を
引き抜くが、このときは
糸を最後まで引かず、
ループを残す。

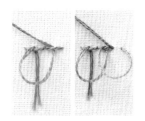

5 〈3糸を引き出す→4
ループを残す〉を順に繰
り返して刺し進めてい
く。

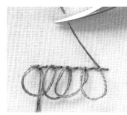

6 刺し終わりは引き抜い
た糸を適当な長さで
カットする。

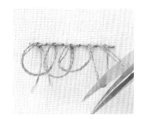

7 ループをカットして糸の
長さを切り揃える。

Chicchi　刺繍作家

~布と糸で作る小さな動物たちの生活~というコンセプトのもと、動物・花などのモチーフをメインに「物語が感じられるような世界観」を手刺繍にて表現。ほっこりした癒しをお届けできるような作品づくりを目指す。刺繍ブローチをはじめアクセサリーの他、バッグやがま口、ポーチなどの布小物も制作。最近は主に書籍やキット、動画で作品を発表している。著書に、『ほっこりかわいいどうぶつ刺しゅうでつくるハンドメイドアクセサリー』（ソーテック社）、『物語のある動物の刺繍』（日本ヴォーグ社）、『いろいろな糸で楽しむどうぶつ刺繍レッスン』（内外出版社）、『季節と暮らしの動物刺繍』（日本ヴォーグ社）がある。
※本書作品は『Shi-Ba【シーバ】』（辰巳出版）に連載したものに新作を加えたものです。
ウェブサイト　https://www.chicchi-no-embroidery.com/
YouTube　https://www.youtube.com/@Chicchi
Instagram　chicchi_chimi
Twitter　@Chicchimisato

ブックデザイン　　　石田百合絵（ME & MIRACO）
トレース　　　　　　株式会社ウエイド手芸制作部（田村浩子）
編　集　　　　　　　大野雅代（クリエイトONO）
企画・進行　　　　　打木歩

［ご協力いただいた会社］
ディー・エム・シー株式会社
TEL　03-5296-7831
〒101-0035　東京都千代田区神田紺屋町13番地　山東ビル7F
www.dmc.com

［読者の皆様へ］
本書の内容に関するお問い合わせは、
お手紙またはメール（info@TG-NET.co.jp）にて承ります。
恐縮ですが、電話でのお問い合わせはご遠慮ください。
『季節を感じる柴ししゅう』編集部

※作品の複製・販売は禁止いたします。

季節を感じる柴ししゅう

2023年8月20日　初版第1刷発行

著　者　　Chicchi
発行者　　廣瀬和二
発行所　　株式会社日東書院本社
　　　　　〒113-0033　東京都文京区本郷1丁目33番13号　春日町ビル5F
　　　　　TEL　03-5931-5930（代表）　FAX　03-6386-3087（販売部）
　　　　　URL　https://tg-net.co.jp/

印刷・製本所　図書印刷株式会社

ISBN 978-4-528-02410-6 C2077